| 차시 | 날짜 | | 빠르기 | 정확도 | 확인란 |
|---|---|---|---|---|---|
| 1 | 월 | 일 | 타 | % | |
| 2 | 월 | 일 | 타 | % | |
| 3 | 월 | 일 | 타 | % | |
| 4 | 월 | 일 | 타 | % | |
| 5 | 월 | 일 | 타 | % | |
| 6 | 월 | 일 | 타 | % | |
| 7 | 월 | 일 | 타 | % | |
| 8 | 월 | 일 | 타 | % | |
| 9 | 월 | 일 | 타 | % | |
| 10 | 월 | 일 | 타 | % | |
| 11 | 월 | 일 | 타 | % | |
| 12 | 월 | 일 | 타 | % | |

| 차시 | 날짜 | | 빠르기 | 정확도 | 확인란 |
|---|---|---|---|---|---|
| 13 | 월 | 일 | 타 | % | |
| 14 | 월 | 일 | 타 | % | |
| 15 | 월 | 일 | 타 | % | |
| 16 | 월 | 일 | 타 | % | |
| 17 | 월 | 일 | 타 | % | |
| 18 | 월 | 일 | 타 | % | |
| 19 | 월 | 일 | 타 | % | |
| 20 | 월 | 일 | 타 | % | |
| 21 | 월 | 일 | 타 | % | |
| 22 | 월 | 일 | 타 | % | |
| 23 | 월 | 일 | 타 | % | |
| 24 | 월 | 일 | 타 | % | |

# 이 책의 목차

처음부터 차근차근 따라하다 보면
어느새 나도 한쇼 NEO(2016) 전문가!!

**5**

**6**

**7**

**8**

**12**

**11**

**10**

**9**

**21**

**22**
내가 직접 만든
추억의 달고나
홍지민 연구원

**23**
또 하나의 한류
K-푸드

**24**

HANSHOW
NEO(2016)

#한쇼 실행 #파일 열기 #저장하기

# 01 두근두근 한쇼 NEO(2016) 시작하기

**학습목표**

- 한쇼 NEO(2016)의 화면 구성을 이해할 수 있습니다.
- 한쇼 NEO(2016)을 실행하여 파일을 열 수 있습니다.
- 문서를 저장하거나 다른 이름으로 저장할 수 있습니다.

한쇼  발표 자료를 손으로 직접 만들면 힘들고 시간이 많이 걸릴 뿐만 아니라 발표할 때 전달이 잘 안 될 수도 있어요.
하지만 컴퓨터와 한쇼를 이용하면 발표 자료를 쉽고 빠르게 만들고, 발표까지 멋지게 할 수 있어요.

실습파일 : 교통수단.show    완성파일 : 교통수단(완성).show

미리보기

## 다양한 교통수단

자전거
(bicycle)

비행기
(airplane)

4

한쇼가 뭐예요?

• 여러 사람들 앞에서 설명하거나 발표하는 것을 프레젠테이션(Presentation)이라고 해요.

• 프레젠테이션 프로그램을 사용하면 설명하려는 내용을 효과적으로 전달할 수 있어요.

• 한쇼는 한글과컴퓨터라는 회사에서 개발한 프레젠테이션 프로그램이에요.

• 한쇼는 선생님, 학생, 회사원 등 많은 사람들이 다양한 용도로 사용하고 있어요.

# 1 한쇼 NEO(2016)은 이렇게 생겼어요.

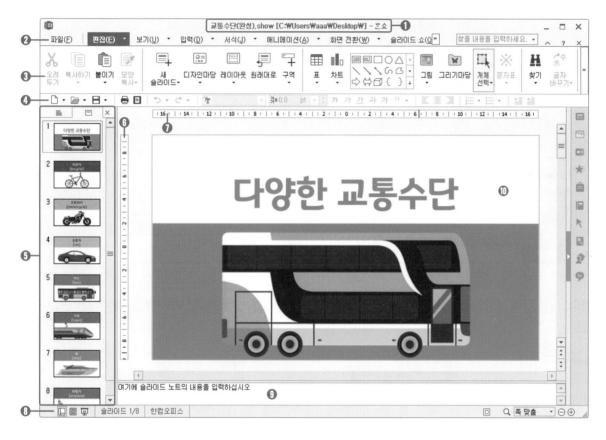

❶ **제목** : 문서 이름과 경로, 프로그램의 제목, 최소화/최대화/닫기 단추가 있어요.

❷ **메뉴** : 프로그램에서 사용하는 메뉴를 비슷한 기능별로 묶어 놓았어요.

❸ **기본 도구 상자** : 각 메뉴에서 자주 사용하는 기능을 그룹별로 묶어 놓았어요.

❹ **서식 도구 상자** : 문서를 편집할 때 자주 사용하는 기능을 모아 아이콘으로 묶어 놓았어요.

❺ **개요/슬라이드 창** : 개요 탭이나 슬라이드 탭을 선택하여 슬라이드를 미리 볼 수 있어요.

❻ **세로 눈금자** : 개체의 세로 위치나 높이를 알 수 있어요.

❼ **가로 눈금자** : 개체의 가로 위치나 너비를 알 수 있어요.

❽ **상황선** : 현재 슬라이드 번호/전체 슬라이드 개수, 보기 상태 등의 기본 정보를 보여줘요.

❾ **슬라이드 노트** : 슬라이드에 대한 보충 설명을 입력하며, 입력한 내용은 슬라이드 쇼를 진행할 때는 보이지 않아요.

❿ **편집 창** : 프레젠테이션 문서를 편집하는 영역이에요.

## 2 한쇼 실행하여 실습파일 열기

**01** 화면 왼쪽 아래의 [시작(▦)]-[🔳 한쇼]를 클릭하여 한쇼 프로그램을 실행한 후 **[기존 프레젠테이션 열기]-[다른 파일 불러오기]**를 선택하고 <확인>을 클릭해요.

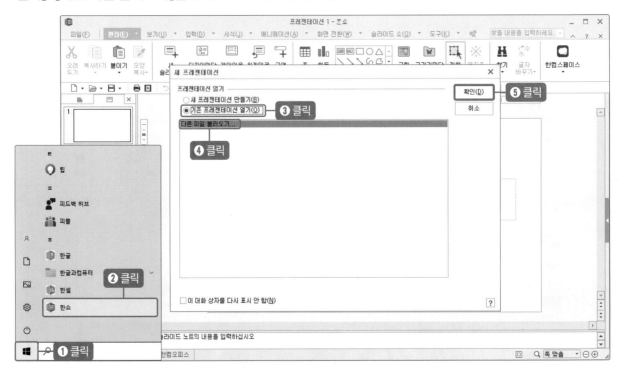

**02** [불러오기] 대화상자에서 [01차시] 폴더의 **'교통수단.show'**를 선택한 후 <열기>를 클릭하면 한쇼 문서가 열려요.

**03** 왼쪽의 슬라이드 창에서 **3번 슬라이드**를 선택해요.

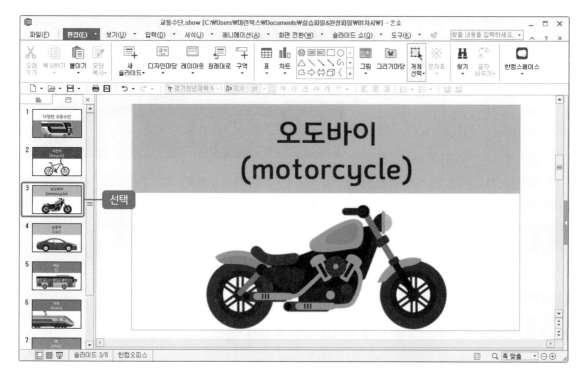

**04** '오도바이'를 '오토바이'로 고치기 위해 '도' 오른쪽을 클릭하여 백스페이스(Backspace)를 한 번 눌러 '도'를 삭제한 후 **"토"**를 입력해요.

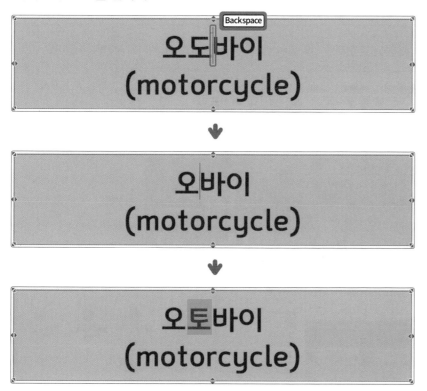

영어가 입력되면 키보드의 [한/영]을 눌러 한글로 바꿔서 입력하세요.

**05** 슬라이드 창에서 **5번 슬라이드**를 선택하여 괄호 사이를 클릭한 후 한/영을 눌러 영어로 바꾸고 **"bus"** 를 입력해요.

## ③ 문서 저장하기

**01** 문서를 저장하기 위해 **[파일] 탭-[저장하기]**를 클릭해요.

💡 문서를 저장할 때 서식 도구 상자의 저장하기(💾) 아이콘을 클릭하거나 Ctrl+S 를 눌러도 돼요.

### LEVEL UP 다른 이름으로 저장하기

[파일] 탭-[다른 이름으로 저장하기]를 클릭하면 현재 문서의 복사본을 다른 이름이나 다른 위치에 저장할 수 있어요.

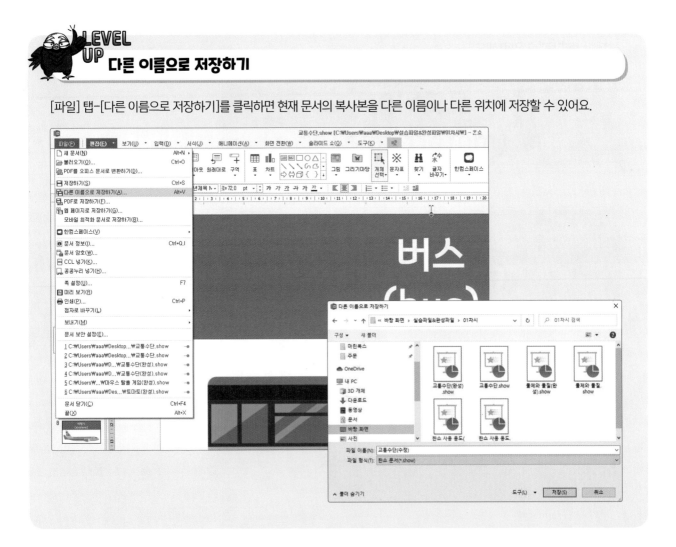

혼자서 뚝딱 뚝딱

**1**  실습파일을 열어 2~4번 슬라이드의 제목 도형을 선택하고 텍스트를 입력한 후 '한쇼 사용 용도(완성).show'로 저장해 보세요.

· 실습파일 : 한쇼 사용 용도.show    · 완성파일 : 한쇼 사용 용도(완성).show

도형이 선택된 상태에서 내용을 입력하면 되고, [Enter]를 누르면 다음 줄에 입력할 수 있어요.

**과학 3-1** ▶ 물체는 어떤 재료로 만들어졌을까요?

**2**  실습파일을 열어 주어진 물체가 어떤 물질로 이루어져 있는지 보기에서 찾아 입력한 후 '물체와 물질(완성).show'로 저장해 보세요.

· 실습파일 : 물체와 물질.show    · 완성파일 : 물체와 물질(완성).show

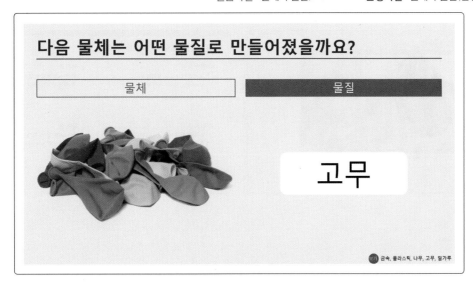

#테마 #슬라이드 삽입 #내용 입력

# 02 테마로 프레젠테이션 만들기

## 학습목표

- 원하는 테마를 적용할 수 있습니다.
- 슬라이드를 삽입할 수 있습니다.
- 슬라이드에 필요한 내용을 입력할 수 있습니다.

✿ 테마  테마에는 배경이나 글꼴, 색 등이 미리 디자인되어 있어요.
그렇기 때문에 테마를 적용하면 디자인을 할 필요 없이 내용 입력만으로도 순식간에 멋진 슬라이드를 만들 수 있어요.

실습파일 : 활동모습.jpg　　완성파일 : 모둠 활동.show

미리보기

모둠 활동

3모둠(김지호, 서지우, 이서준, 정하은)

### 모둠 활동이란?

- 모둠이란 2~6명의 작은 집단을 말해요.
- 우리 반에는 4명씩 6개의 모둠이 있어요.
- 모둠 활동이란 모둠을 구성하여 하는 여러 가지 활동이에요.

모둠 활동 모습

우리나라뿐만 아니라 세계 여러 나라에서 모둠 활동을 하고 있어요.

### 모둠 활동의 장점과 단점

- 김지호
  - 지루하지 않고 재미있어요.
  - 선생님 쳐다보기가 불편해요.
- 서지우
  - 친구들과 함께 협동할 수 있어요.
  - 아무 것도 안 하는 친구들이 있어요.
- 이서준
  - 직접 해볼 수 있는 시간이 많아져요.
  - 장난치는 친구들이 있어요.
- 정하은
  - 스스로 할 수 있어서 좋아요.
  - 친구들이 자꾸 잔소리해요.

# 1 테마 선택하여 새 프레젠테이션 만들기

01 [시작(■)]-[🖻 한쇼]를 클릭하여 한쇼 프로그램을 실행해요.

02 [새 프레젠테이션] 대화상자에서 **[새 프레젠테이션 만들기]**를 선택하고 **[나비]** 테마를 선택한 후 <확인>을 클릭해요.

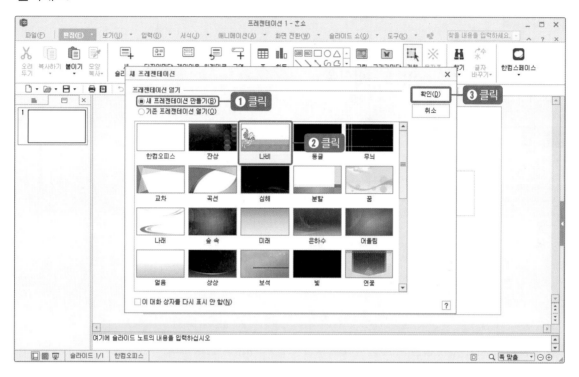

03 제목 개체 틀을 클릭하여 **"모둠 활동"**을 입력하고, 부제목 개체 틀을 클릭하여 **모둠 이름**과 **친구들 이름**을 입력해요.

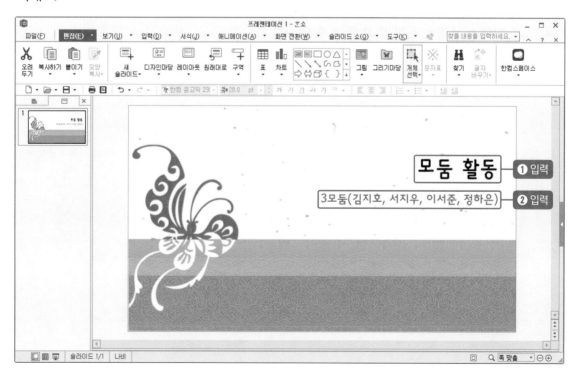

## 2 슬라이드 삽입하여 내용 입력하기

01 새 슬라이드를 삽입하기 위해 **[입력] 탭-[새 슬라이드]-[제목 및 내용]**을 클릭해요.

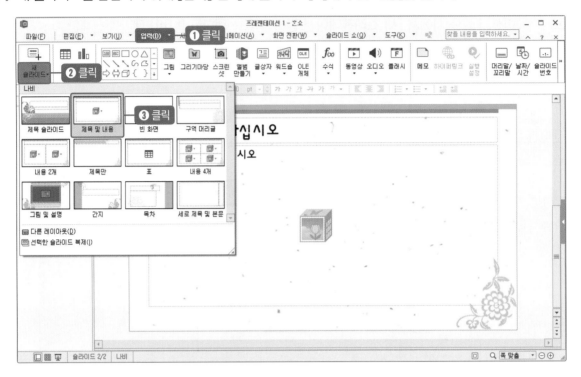

02 제목 개체 틀과 부제목 개체 틀을 각각 클릭하여 다음과 같이 내용을 입력해요.

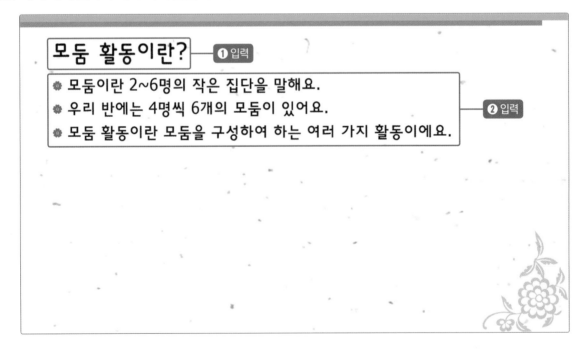

**03** [입력] 탭-[새 슬라이드]-[그림 및 설명]을 클릭하여 새 슬라이드를 삽입해요.

**04** 그림을 넣기 위해 그림 개체 틀의 그림 아이콘을 클릭해요.

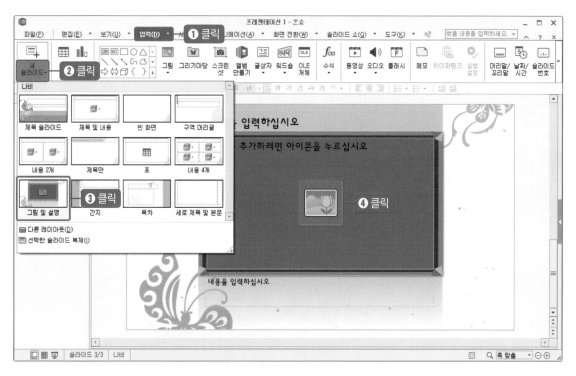

**05** [그림 넣기] 대화상자에서 [02차시] 폴더의 **'활동모습.jpg'**를 선택하고 <넣기>를 클릭해요.

**06** 위쪽 제목과 아래쪽 내용을 입력해요.

**07** [입력] 탭-[새 슬라이드]-[내용 4개]를 클릭하여 새 슬라이드를 삽입해요.

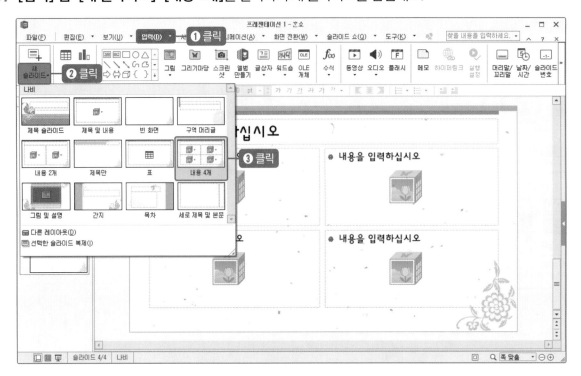

**08** 제목을 입력하고 친구의 이름을 입력한 후 Enter 를 눌러요.

**09** 서식 도구 상자의 [문단 오른쪽 이동(텍)]을 클릭하여 수준이 변경되면 장점과 단점을 입력해 보세요.

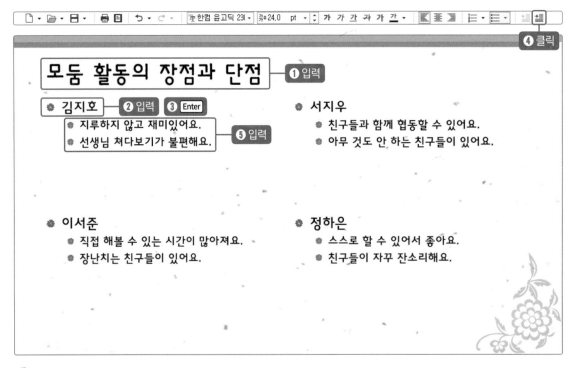

Enter 를 누른 후 Tab 을 눌러도 문단 오른쪽 이동이 돼요.

**10** [파일] 탭-[저장하기]를 클릭하여 '모둠 활동.show'로 문서를 저장해 보세요.

혼자서 뚝딱 뚝딱

**1** 새 프레젠테이션을 열어 작성 조건대로 문서를 만든 후 '내 동생 코코.show'로 저장해 보세요.

· 실습파일 : 이미지 파일(코코, 목욕중) · 완성파일 : 내 동생 코코.show

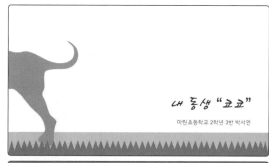

작성 조건

· 테마 : 강아지 테마 · 슬라이드 1 : 제목 슬라이드 · 슬라이드 2 : 제목 및 내용
· 슬라이드 3 : 내용 2개 · 슬라이드 4 : 그림 및 설명

**과학 3-1** ▸ 지구의 모습

**2** 새 프레젠테이션을 열어 작성 조건대로 문서를 만든 후 '지구와 달.show'로 저장해 보세요.

· 실습파일 : 이미지 파일(지구, 달, 지구+달) · 완성파일 : 지구와 달.show

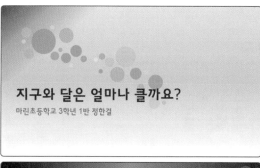

작성 조건

· 테마 : 물방울 · 슬라이드 1 : 제목 슬라이드
· 슬라이드 2, 3 : 내용 2개 · 슬라이드 4 : 그림 및 설명

#글자 모양 #글머리표 #번호 매기기

# 03 글머리표와 번호로 자기 소개하기

## 학습목표

- 글꼴과 글꼴 속성을 설정할 수 있습니다.
- 줄 간격을 설정할 수 있습니다.
- 글머리표 목록과 번호 목록을 만들 수 있습니다.

✿ 글머리표 여러 줄에 걸쳐 여러 개의 내용을 적을 때 문단의 맨 앞에 기호를 붙이거나 번호를 매길 수 있어요.
글머리표나 번호를 적절하게 사용하면 내용이 정리된 것처럼 깔끔하게 보여요.

실습파일 : 내 소개.show    완성파일 : 내 소개(완성).show

미리보기

## 나를 소개합니다

### 서지우

### 내 이름은 서지우

- ➢ 나이 : 9살
- ➢ 생일 : 4월 20일
- ➢ 학교 : 마린초등학교
- ➢ 혈액형 : O형

### 나의 장래 희망

1. 로봇 개발자
2. 유튜브 크리에이터
3. 초등학교 선생님

# 1 글꼴과 글꼴 스타일 설정하기

**01** 한쇼 NEO(2016) 프로그램을 실행하여 **[기존 프레젠테이션 열기]**를 선택하고 <확인>을 클릭한 후 [03차시]의 '**내 소개.show**' 파일을 불러와요.

> 🌱 새 프레젠테이션을 열고 [파일] 탭–[열기] 메뉴를 클릭하거나 Ctrl + O 를 눌러도 돼요.

**02** 1번 슬라이드의 제목 개체 틀을 클릭하여 "**나를 소개합니다**"를 입력한 후 테두리를 클릭하여 서식 도구 상자에서 글꼴과 속성을 지정해요.

- ❸ 글꼴(HY엽서M) ❹ 속성(진하게)

> 🌱 텍스트를 입력하고 Esc 를 눌러도 텍스트 상자 개체가 선택돼요.

**03** 부제목 개체 틀을 클릭하여 여러분의 이름을 입력한 후 서식 도구 상자에서 글꼴과 속성을 지정해요.

- ❷ 글꼴(HY엽서M) ❸ 속성(그림자)

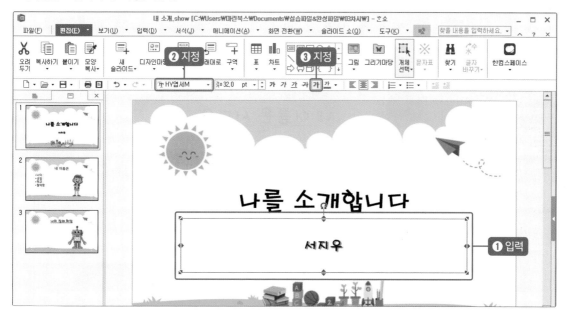

## 2 글머리표 목록 만들기

**01** **2번 슬라이드**를 선택하여 제목에 여러분의 이름을 입력한 후 테두리를 클릭하여 서식 도구 상자에서 글꼴과 속성을 지정해요.

- ❸ 글꼴(HY엽서M) ❹ 속성(밑줄)

**02** 내용에 여러분의 나이와 생일, 학교, 혈액형을 입력하고 테두리를 클릭하여 **글꼴**을 지정한 후 **[서식] 탭-[줄 간격]-[1.50]**을 클릭해요.

- ❸ 글꼴(HY엽서M)

💡 줄 간격 메뉴가 보이지 않으면 기본 도구 상자 오른쪽의 ⋙ 를 클릭하면 숨겨진 부분이 나타나요.

**03** 글머리표 목록을 만들기 위해 서식 도구 상자에서 **[글머리표 매기기]** 아이콘(≡▾)의 펼침 단추를 클릭하여 **화살표 모양의 글머리표**를 선택해요.

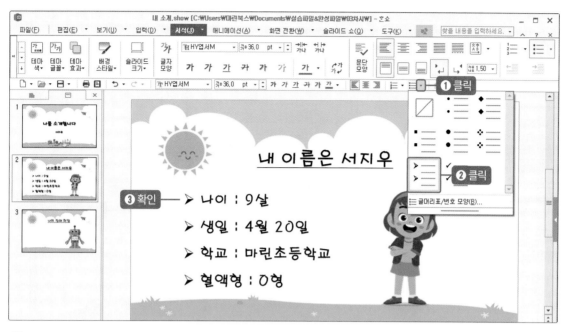

💡 글머리표 목록으로 표시할 텍스트를 블록으로 지정하거나, 해당 개체 틀의 테두리가 선택된 상태에서 작업하세요.

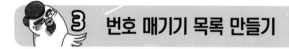

## ③ 번호 매기기 목록 만들기

**01** **3번 슬라이드**를 선택하고 내용에 여러분의 장래 희망을 3개 입력한 후 개체 틀의 테두리를 클릭하여 서식 도구 상자에서 글꼴을 지정해요.

**02** 글자 색을 변경하기 위해 첫 번째 항목을 드래그한 후 서식 도구 상자에서 **[글자 색]** 아이콘(가▾)의 펼침 단추를 클릭하여 **색**을 선택해요.

· ❹ 글꼴(HY엽서M) ❼ 글자 색(빨강)

**03** 같은 방법으로 두 번째, 세 번째 항목의 글자 색을 각각 **'보라'**, **'초록'**으로 지정한 후 테두리를 클릭하여 **[서식]** **탭-[줄 간격]-[1.50]**을 클릭해요.

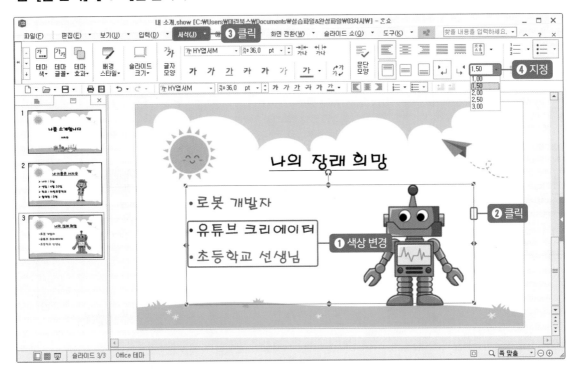

**04** 번호 목록을 만들기 위해 서식 도구 상자에서 **[번호 매기기]** 아이콘( )의 펼침 단추를 클릭하여 **[1. 2.]**를 선택해요.

**05** **[파일] 탭-[다른 이름으로 저장하기]**를 클릭하여 문서를 원하는 이름으로 저장해 보세요.

혼자서 뚝딱뚝딱

**1** 실습파일을 열어 다음과 같이 텍스트를 입력한 후 글머리표를 별 모양으로 지정해 보세요.

· 실습파일 : 학급 규칙.show    · 완성파일 : 학급 규칙(완성).show

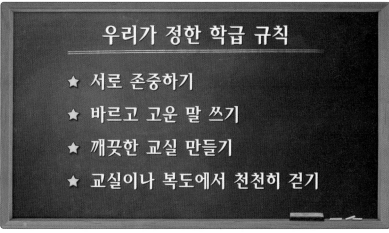

우리가 정한 학급 규칙

★ 서로 존중하기

★ 바르고 고운 말 쓰기

★ 깨끗한 교실 만들기

★ 교실이나 복도에서 천천히 걷기

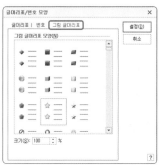

**실과 5** ▶ 나의 균형 잡힌 식생활

**2** 실습파일을 열어 다음과 같이 텍스트를 입력한 후 번호를 매기고 글머리표를 변경해 보세요.

· 실습파일 : 떡볶이.show    · 완성파일 : 떡볶이(완성).show

떡볶이 만드는 법

1. 떡 400g과 물 300ml를 넣습니다.

2. 설탕 4스푼, 간장 2스푼, 고춧가루 1스푼, 고추장 1스푼을 넣습니다.

3. 물을 끓입니다.

4. 물이 끓으면 파를 넣고 약간 졸여줍니다.

✓ 취향에 따라 치즈, 라면, 삶은 달걀을 넣으면 더 맛있어요.

HANSHOW NEO(2016)

#워드숍 #글자 효과 #텍스트 상자 복사

# 04 워드숍으로 희망 직업 알아보기

**학습목표**

- 워드숍을 삽입하고 글꼴 서식을 지정할 수 있습니다.
- 워드숍 효과를 지정할 수 있습니다.
- 텍스트 상자를 복사하여 붙여 넣은 후 수정할 수 있습니다.

**워드숍** 글자를 예쁘게 꾸미는 작업은 생각보다 어려울 수 있어요. 하지만 글자의 채우기 색, 윤곽선 색, 다양한 효과가 적용되어 있는 워드숍을 사용하면 쉽고 빠르게 예쁜 글자를 만들 수 있어요.

실습파일 : 희망직업.show    완성파일 : 희망직업(완성).show

**미리보기**

초등학생 희망 직업
BEST 10

운동선수  교사  크리에이터  의사  요리사

프로게이머  경찰관  법률전문가  가수  뷰티디자이너

# 1 워드숍 삽입하고 효과 지정하기

**01** 한쇼 NEO(2016) 프로그램을 실행하여 [04차시]의 **'희망직업.show'** 파일을 열고 **1번 슬라이드**를 선택해요.

**02** 워드숍을 삽입하기 위해 **[입력] 탭-[워드숍]-[가]**를 클릭해요.

🔅 선택한 워드숍 모양은 '채우기 – 강조 1, 윤곽 – 강조 1(어두운 계열)'이에요.

**03** **"초등학생 희망 직업"**을 입력하고 테두리를 클릭하여 서식 도구 상자에서 글꼴과 글자 크기를 지정해요.

- ❷ 글꼴(경기천년제목 Medium) ❸ 글자 크기(60pt)

**04** 워드숍의 모양을 변환시키기 위해 **[도형] 탭-[글자 효과]-[변환]-[위쪽 원호]**를 클릭해요.

**05** Esc 를 누르거나 슬라이드의 빈 곳을 클릭하여 선택을 해제해요. 새로운 워드숍 작성을 위해 **[입력] 탭-[워드숍]-[가]**를 클릭한 후 "BEST 10"을 입력해요.

🔅 선택한 워드숍 모양은 '채우기 – 강조 2(그러데이션), 윤곽 – 밝은 색 1'이에요.

**06** 테두리를 클릭한 후 서식 도구 상자에서 글꼴과 글자 크기, 정렬을 지정해요.
  · ❷ 글꼴(경기천년제목 Medium) ❸ 글자 크기(100pt) ❹ 정렬(가운데 정렬)

**07** "**초등학생 희망 직업**" 텍스트 상자의 테두리를 위로 드래그하여 제목 슬라이드를 완성해요.

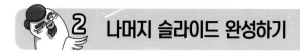
01 **2번 슬라이드**를 선택하고 아래쪽 도형을 선택하여 직업 이름을 입력한 후 워드숍을 삽입하기 위해 **[입력] 탭-[워드숍]-[가]**를 클릭해요.

💡 선택한 워드숍 모양은 '윤곽 – 어두운 색 1+강조 3(그러데이션), 그림자'예요.

02 **"1"**을 입력하고 오른쪽 크기 조절점을 왼쪽으로 드래그하여 워드숍 상자의 크기를 적당하게 조절한 후 테두리를 드래그하여 위치를 이동해요.

03 **Ctrl**+**Shift**를 누른 채 오른쪽으로 드래그하여 복제한 후 텍스트를 **"2"**로 수정해요.

💡 **Ctrl**+드래그 : 복제, **Shift**+드래그 : 직선 방향 이동, **Ctrl**+**Shift**+드래그 : 직선 방향 복제

04 같은 방법으로 **"5"**까지 만들어요.

**05** 텍스트 상자들을 복사하기 위해 다음과 같이 텍스트 상자를 모두 선택한 후 **[편집] 탭-[복사하기]**를 클릭해요.

💡 Ctrl + C 를 눌러도 복사할 수 있어요.

**06** 복사된 텍스트 상자를 붙여 넣기 위해 **3번 슬라이드**를 선택한 후 **[편집] 탭-[붙이기]**를 클릭한 후 숫자를 수정해요.

💡 Ctrl + V 를 눌러도 붙여 넣을 수 있어요.

**07** 직업 이름을 입력하면 완성돼요.

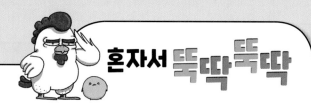

혼자서 뚝딱 뚝딱

**1** 실습파일을 열어 작성 조건대로 제목을 만들어 보세요.

· **실습파일** : 캠핑 여행.show　　· **완성파일** : 캠핑 여행(완성).show

작성 조건

· 워드숍 모양 : **가** [채우기 – 강조 5(밝은 계열, 그러데이션), 윤곽 – 강조 5]
· 글자 효과
　– [네온]–[강조 색 1, 10 pt]
　– [변환]–[이중 물결 1]
· 글꼴 : 경기천년바탕 Bold

📖 **영어 3-1** ▶ Touch Your Feet

**2** 실습파일을 열어 작성 조건대로 제목을 만든 후 비어 있는 신체 부위의 이름을 입력해 보세요.

· **실습파일** : my body.show　　· **완성파일** : my body(완성).show

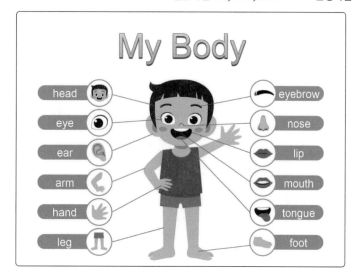

작성 조건

· 제목 개체 틀의 텍스트를 선택한 후 워드숍 모양으로 바꾸기
· 워드숍 모양 : **가** [채우기 – 강조 1(밝은 계열, 그러데이션), 윤곽 – 강조 1]
· 글꼴(Arial), 글자 크기(72pt)

# 05 도형으로 멋쟁이 토마토 그리기

**학습목표**

- 다양한 도형을 삽입할 수 있습니다.
- 도형을 회전시킬 수 있습니다.
- 도형 스타일을 지정할 수 있습니다.

✿ 도형 삽입 한쇼의 가장 큰 장점 중의 하나는 삽입된 도형에 여러 가지 효과를 적용할 수 있는 것이에요.
다양한 도형을 삽입하여 여러 색으로 칠하고, 네온 효과도 주고, 회전시킬 수도 있어요.

실습파일 : 토마토.show    완성파일 : 토마토(완성).show

미리보기

멋쟁이 토마토

# 1 토마토 그리기

01 한쇼 NEO(2016) 프로그램을 실행하여 [05차시]의 '**토마토.show**' 파일을 열어요.

02 원을 그리기 위해 **[입력] 탭**에서 **[도형]** 이미지 꾸러미의 자세히 버튼(↓)을 클릭하여 **[기본 도형]-[타원(○)]** 을 클릭하고 [Shift]를 누른 채 드래그해요.

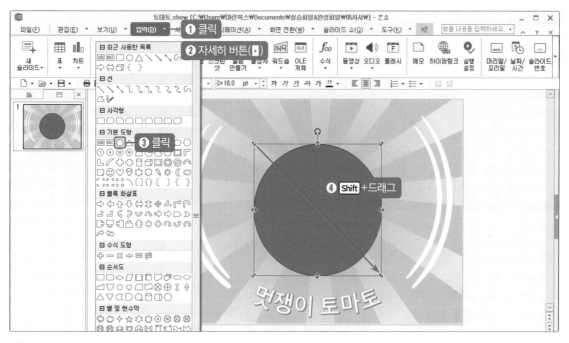

> 💡 타원을 그릴 때 [Shift]를 누른 채 드래그하면 가로와 세로의 길이가 같은 원이 그려져요.

03 원의 채우기 색을 변경하기 위해 **[도형] 탭-[채우기 색]**에서 붉은 색상을 찾아 선택해요.

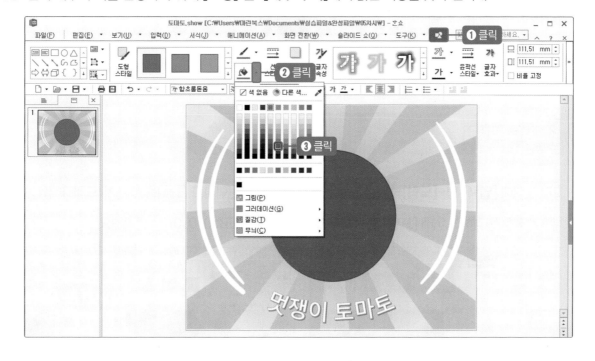

**04** 토마토의 꼭지를 그리기 위해 **[입력] 탭-[도형]-[별 및 현수막]-[포인트가 5개인 별(☆)]**을 선택하고 토마토 윗부분에 드래그해요.

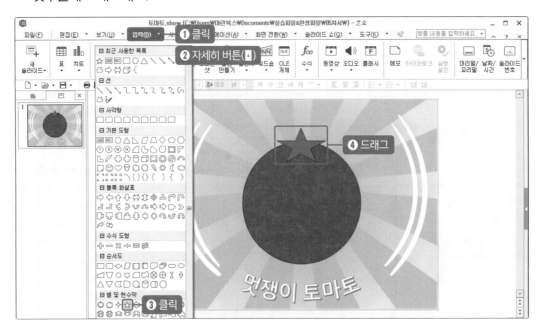

**05** 원의 채우기 색을 변경하기 위해 **[도형] 탭-[채우기 색]**에서 녹색을 찾아 선택해요.

 **2** 눈 그리기

**01** 눈을 그리기 위해 **[입력] 탭-[도형]-[기본 도형]-[타원(○)]**을 선택하고 Shift 를 누른 채 드래그해요.

**02** 눈의 채우기 색을 변경하기 위해 **[도형] 탭-[채우기 색]-[검정(RGB: 0, 0, 0)]**을 클릭해요.

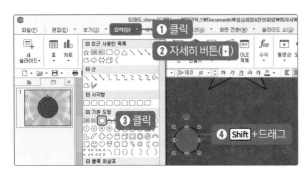 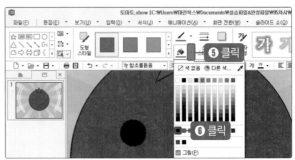

03 같은 방법으로 타원을 이용하여 눈망울을 그린 후 채우기 색을 '**하양(RGB: 255, 255, 255)**'으로 변경해요.

04 눈과 눈망울을 드래그하여 선택한 후 [Ctrl]+[Shift]를 누른 채 오른쪽으로 드래그하여 복사해요.

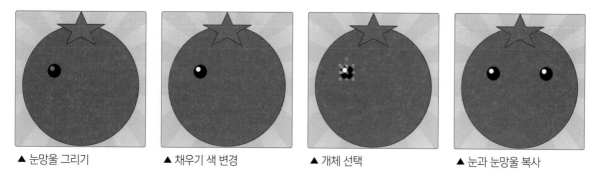

▲ 눈망울 그리기    ▲ 채우기 색 변경    ▲ 개체 선택    ▲ 눈과 눈망울 복사

## ③ 입 그리기

01 입을 그리기 위해 [**입력**] **탭**-[**도형**]-[**기본 도형**]-[**이등변 삼각형(△)**]을 선택하고 드래그해요.

02 입의 채우기 색을 '**하양(RGB: 255, 255, 255)**'으로 변경한 후 입을 위아래로 뒤집기 위해 [**도형**] **탭**-[**회전**]-[**상하 대칭**]을 클릭해요.

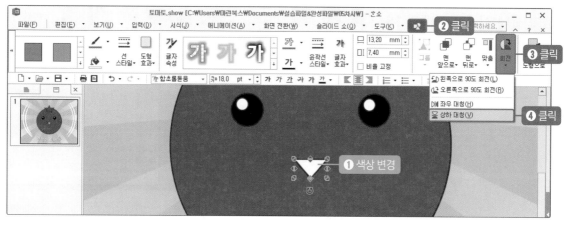

[Shift]를 누른 채 도형 주변의 회전 핸들(Ω)을 드래그해도 같은 결과를 확인할 수 있어요.

03 토마토의 얼굴, 눈, 입의 선 색을 변
   경하기 위해 드래그하여 모두 선택
   한 후 [도형] 탭-[선 색]-[검정
   (RGB: 0, 0, 0)]을 클릭해요.

    Ctrl + A 를 누르면 삽입된 모든 개체를
   한 번에 선택할 수 있어요.

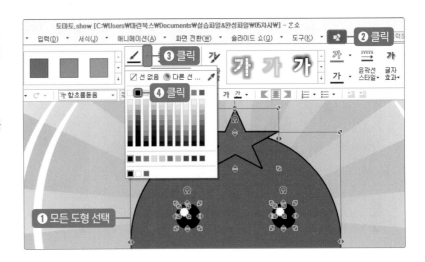

### 4 도형에 스타일 및 도형 효과 적용하기

01 타원(◯)으로 볼을 그리고 [도형] 탭에서 [도형 스타일] 이미지 꾸러미의 자세히 버튼(▼)을 클릭하여 '**강한
   효과 – 강조 4**'를 선택한 후 Ctrl + Shift 를 누른 채 드래그하여 복제해요.

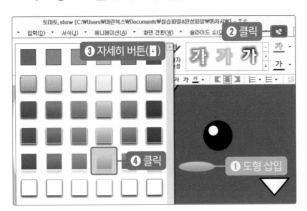 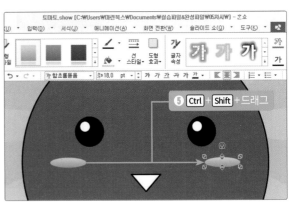

02 도형 효과를 적용하기 위해 토마토
   의 얼굴을 선택하고 [도형] 탭-[도
   형 효과]-[네온]-[강조 색 2, 15
   pt]를 클릭해요.

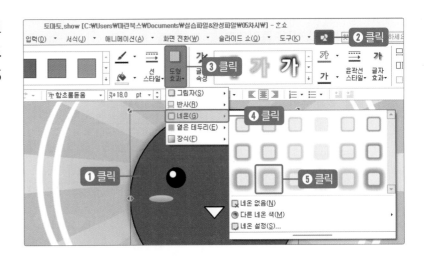

32

**1** 실습파일을 열어 작성 조건대로 판다의 머리를 그려 주세요.

· 실습파일 : 판다.show　　· **완성파일** : 판다(완성).show

· 채우기 색 : [검정(RGB : 0, 0, 0)], [하양(RGB : 255, 255, 255)]
· 윤곽선
　– 선 색 : [검정(RGB : 0, 0, 0)]
　– 선 스타일 : [선 굵기]–2.25 pt

· 입 모양 : [기본 도형]–[원호(⬡)]삽입 후 회전

**수학 2-1** ▸ 여러 가지 도형

**2** 실습파일을 열어 작성 조건대로 도형을 삽입하고 도형 효과를 지정한 후 빈칸을 채워 보세요.

· 실습파일 : 여러 가지 도형.show　　· **완성파일** : 여러 가지 도형(완성).show

| 도형 | | | | | |
|------|---|---|---|---|---|
| 이름 | 원 | 삼각형 | 사각형 | 오각형 | 육각형 |
| 변의 수 | 0 | 3 | 4 | 5 | 6 |
| 꼭짓점의 수 | 0 | 3 | 4 | 5 | 6 |

| 구분 | 도형 | 도형 스타일 | 도형 효과 |
|------|------|-------------|-----------|
| 원 | [기본 도형]–[타원] | [강한 효과 – 강조 4] | [장식]–[기본 장식 11] |
| 삼각형 | [기본 도형]–[이등변 삼각형] | [보통 효과 – 강조 5] | [네온]–[강조 색 5, 10pt] |
| 사각형 | [사각형]–[직사각형] | [밝은 계열 – 강조 3] | [그림자]–[원근감 – 대각선 오른쪽 위] |
| 오각형 | [기본 도형]–[정오각형] | [테두리 – 강조 6, 채우기 없음] | [반사]–[1/3 크기, 근접] |
| 육각형 | [기본 도형]–[육각형] | [어두운 계열 – 강조 2] | [옅은 테두리]–[5 pt] |

HANSHOW NEO (2016)

#다양한 도형 서식 지정 #기본 도형으로 설정 #개체 묶기 # 도형 대칭

# 06 도형으로 자동차 만들기

**학습목표**

- 도형의 서식을 변경한 다음 기본 도형으로 설정할 수 있습니다.
- 개체 묶기를 실행하여 도형을 하나의 도형처럼 관리할 수 있습니다.
- 좌우 대칭 및 상하 대칭을 적용할 수 있습니다.

✿ 기본 도형으로 설정    도형의 서식을 변경한 다음 '기본 도형으로 설정'을 지정하면 이후에 삽입되는 모든 도형의 채우기나 선 스타일이 해당 서식과 동일하게 나타나요.

실습파일 : 자동차.show     완성파일 : 자동차(완성).show

미리보기

MOTOR TRAVEL

 ## 1 자동차 타이어 만들기

**01** 한쇼 NEO(2016) 프로그램을 실행하여 [06차시]의 '**자동차.show**' 파일을 열어요.

**02** 별 모양을 그리기 위해 [**입력**] 탭에서 [**도형**] 이미지 꾸러미의 자세히 버튼(↓)을 클릭하여 [**별 및 현수막**]–
[**포인트가 32개인 별(⊛)**]을 선택한 후 Shift 를 누른 채 드래그해요.

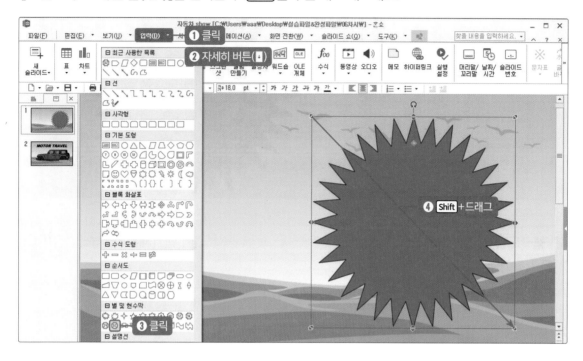

**03** 도형의 윤곽선을 없애기 위해 [**도형**] 탭–[**선 색**]–[**선 없음**]을 클릭해요.

**04** 윤곽선이 사라진 도형 위에서 마우스 오른쪽 버튼을 눌러 [**기본 도형으로 설정**]을 클릭해요.

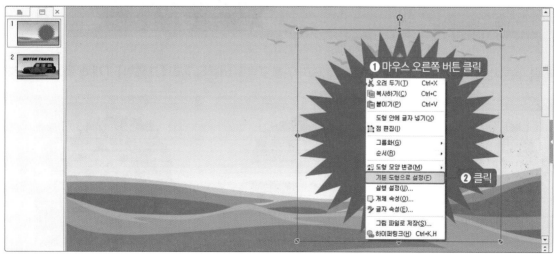

[기본 도형으로 설정]을 눌러도 아무런 변화가 없지만, 다음 삽입될 도형부터는 '선 없음' 서식이 적용될 거예요.

**05** 도형의 채우기 색상을 변경하기 위해 **[도형] 탭-[채우기 색]-[검정(RGB : 0, 0, 0)]**을 선택해요.

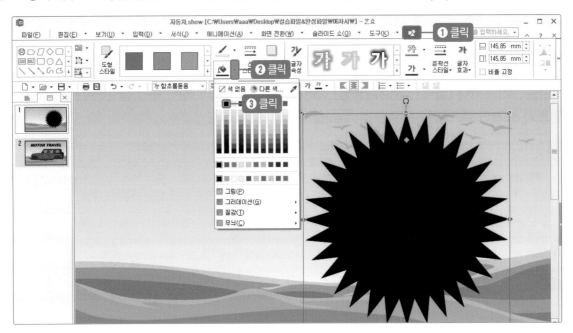

**06** **[입력] 탭-[도형]-[기본 도형]-[타원(◯)]**을 선택하여 그린 다음 **[도형] 탭-[채우기 색]-[검정(RGB : 0, 0, 0)]**을 지정해요.

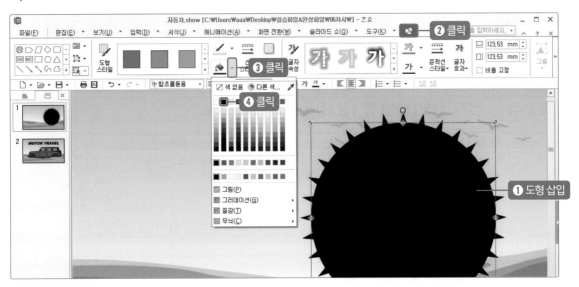

**07** **Shift**를 누른 채 두 개의 도형을 모두 선택한 다음 마우스 오른쪽 버튼을 눌러 **[그룹화]-[개체 묶기]**를 클릭해요.

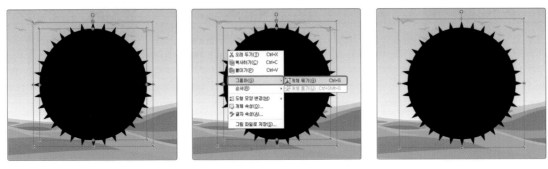

💡 [그룹화]-[개체 묶기]를 적용하면 하나의 도형처럼 관리할 수 있기 때문에 개체를 복사하거나 이동할 때 편리해요.

01 Shift 를 누른 채 [타원(○)]을 삽입하여 타이어의 중앙에 위치시킨 후 [도형] 탭-[채우기 색]에서 **회색 계열** 색상을 선택해요.

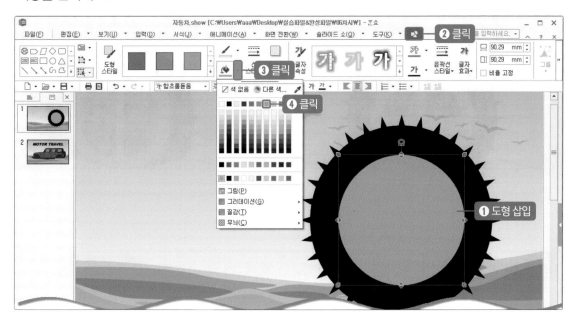

02 [입력] 탭-[도형]-[기본 도형]-[부채꼴(◔)]을 선택하여 그린 다음 [도형] 탭-[채우기 색]-[검정(RGB : 0, 0, 0)]을 지정해요.

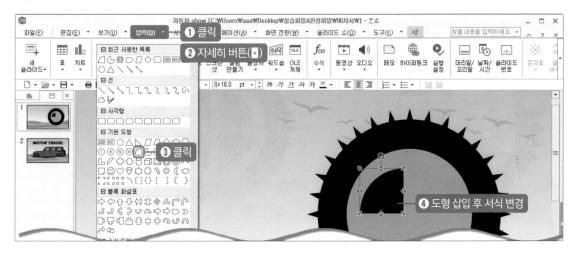

03 Ctrl + Shift 를 누른 채 도형을 오른쪽으로 드래그하여 반듯하게 복사해요.

 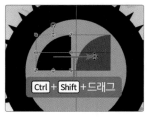 

**04** 모양을 회전하기 위해 [도형] 탭-[회전]-[좌우 대칭]을 클릭한 다음 아래 그림을 참고하여 위치를 조절해요.

**05** Shift 를 이용하여 두 개의 도형을 모두 선택하여 아래쪽에 복사한 후 [상하 대칭]을 선택해요.

 **③ 바퀴 장착하기**

**01** Ctrl + A 를 눌러 슬라이드에 삽입된 도형을 모두 선택한 다음 마우스 오른쪽 버튼을 눌러 [그룹화]-[개체 묶기]를 클릭해요. 이어서, 해당 개체를 복사( Ctrl + C )한 후 2번 슬라이드에 붙여( Ctrl + V )넣어요.

**02** Shift 를 누른 채 크기 조정 핸들을 이용하여 크기와 위치를 적당히 조절한 다음 복사하여 작품을 완성해요.

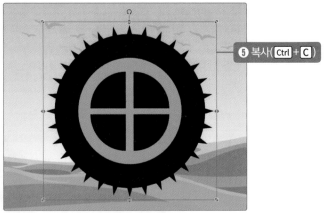

혼자서 뚝딱뚝딱

**1** 앞에서 완성한 작품에 도형을 추가하여 서식을 변경한 다음 '기본 도형으로 설정'하여 다음과 같이 만들어 보세요.

· 실습파일 : 자동차꾸미기.show　　· 완성파일 : 자동차꾸미기(완성).show

작성조건

· [기본 도형]-[1/2 액자(▢)] 삽입
  – [도형]-[도형 효과]-[장식] 선택
  – 기본 도형으로 설정
  – 색상 변경
  – 도형 복사 및 대칭
· 원하는 도형 추가하여 배경 꾸미기

📖 여름 1-1 ▸ 우산 만들기

**2** 실습파일을 열어 도형의 다양한 기능으로 우산 모양을 완성해 보세요.

· 실습파일 : 우산.show　　· 완성파일 : 우산(완성).show

힌트

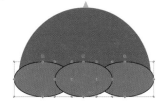

그림과 같이 타원 도형을 3개 겹친 다음,
배경과 동일한 색상(흰색)을 적용하면
우산의 곡선을 표현할 수 있어요.

💡 도형의 윤곽선을 '선 없음'으로 지정하고, 장식 효과를 적용한 상태에서 '기본 도형으로 설정'을 작업한 후 만들면 편리할 거예요.

# 동화책 표지 디자인하기

**학습목표**

- 편집 용지의 종류를 변경할 수 있습니다.
- 슬라이드의 방향을 세로로 지정할 수 있습니다.
- 그리기마당에서 제공하는 그림을 삽입할 수 있습니다.

☆ 그리기마당    그리기마당은 한쇼 프로그램 내에서 제공하는 그림 모음이에요.
여러 가지 클립아트가 준비되어 있기 때문에 간단한 그림은 해당 기능을 이용하면 편리할 거예요.

실습파일 : 동화책.show     완성파일 : 동화책(완성).show

미리보기

# 1 슬라이드 크기를 변경하기

01 한쇼 NEO(2016) 프로그램을 실행하여 [07차시]의 '**동화책.show**' 파일을 열어요.

02 슬라이드의 크기를 변경하기 위해 F7을 눌러 용지 종류를 '**화면 슬라이드 쇼 4:3**', 슬라이드 방향을 '**세로**'로 선택한 다음 <확인>을 클릭해요.

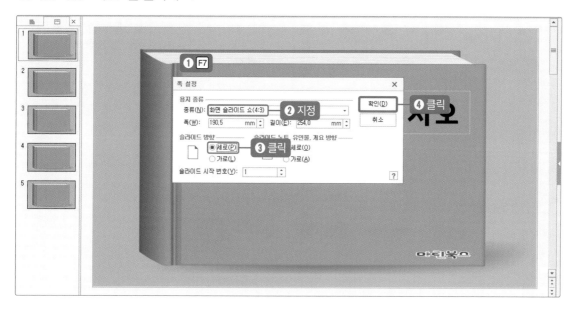

03 [최대화/맞춤 확인] 대화상자가 나오면 [**맞춤 확인**]을 선택한 다음 <확인>을 클릭해요.

## ② 그리기마당을 이용하여 그림 넣기

**01** [입력] 탭-[그리기마당]을 클릭하여 [기본 클립아트] 탭에서 **'전통(전래동화)'** 항목을 선택해요.

**02** 다음과 같은 그림을 찾아 선택한 다음 <넣기>를 클릭해요.

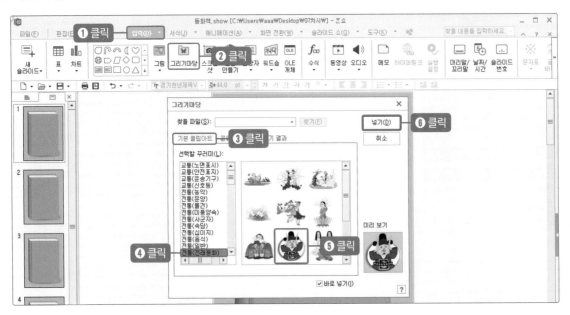

💡 찾을 파일에 전래동화의 제목인 '임금님 귀는 당나귀 귀'를 검색해도 동일한 모양의 클립아트를 얻을 수 있어요.

**03** 슬라이드의 중앙을 드래그하여 선택한 클립아트를 삽입하고 크기와 위치를 적당하게 조절해요.

💡 한쇼 [그리기마당]에서 제공되는 클립아트의 종류나 위치는 언제든 변경될 수 있어요. 만약 교재와 동일한 그림이 보이지 않을 경우에는 다른 그림을 활용해 보세요.

**04** [입력] 탭-[그리기마당]에서 다음과 동일한 말풍선을 찾아 넣어보세요.

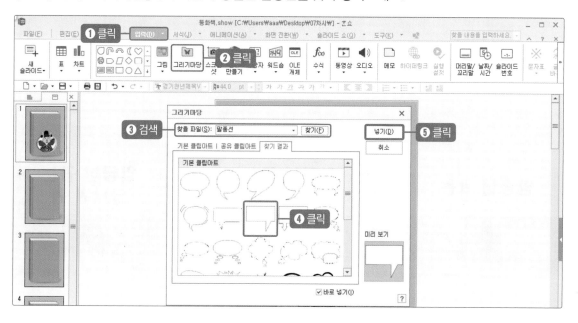

**05** 다음과 같이 말풍선의 크기와 위치를 조절한 다음 도형 위에서 마우스 오른쪽 버튼을 클릭하여 [순서]-[맨 뒤로]를 선택해요.

**06** 제목 개체 틀이 나타나면 말풍선 클립아트의 크기와 위치를 다시 한 번 조절하도록 해요.

 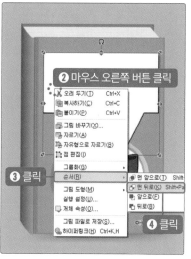 

제목 개체 틀 또는 말풍선 클립아트가 선택된 상태에서 키보드의 방향키를 눌러 원하는 방향으로 반듯하게 이동시킬 수 있어요.

01 제목 개체 틀을 클릭하여 "**임금님 귀**"를 입력한 후 Enter 를 눌러 커서가 한 줄 내려가면 "**당나귀 귀**"를 입력해요.

💡 Enter 를 누르면 2줄 이상의 텍스트를 쉽게 입력할 수 있어요.

02 그리기마당의 다양한 클립아트를 이용하여 나머지 슬라이드의 표지를 예쁘게 꾸며 완성해요.

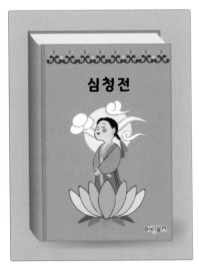

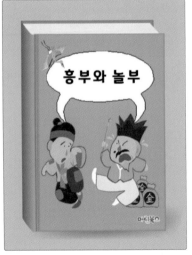

혼자서 뚝딱뚝딱

**1** 실습 파일을 열어 작성 조건대로 바다동물 카드를 만들어 보세요.

· 실습파일 : 바다동물.show    · 완성파일 : 바다동물(완성).show

| 고래(whale) | 거북(turtle) | 불가사리(starfish) |
|---|---|---|

 작성 조건

· F7 → 쪽 설정 변경
  – 용지 종류 : 화면 슬라이드 쇼(4:3)
  – 슬라이드 방향 : 세로
· 그리기마당의 [동물(수생생물)]에서 원하는 '고래' 이미지 삽입
· 제목 개체 틀에 "고래(whale)" 입력
· 나머지 슬라이드에 그림과 텍스트를 넣어 바다 동물 완성
  – 거북(turtle)
  – 불가사리(starfish)
  – 상어(shark)
  – 문어(octopus)
  – 조개(clam)

| 상어(shark) | 문어(octopus) | 조개(clam) |
|---|---|---|

 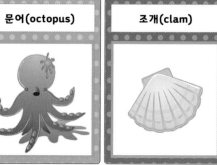

봄 2-1 ▸ 알쏭달쏭 나

**2** 실습파일을 열어 그리기마당의 클립아트를 이용해 내가 좋아하는 것과 싫어하는 것을 구분해 보세요.

· 실습파일 : 알쏭달쏭 나.show    · 완성파일 : 알쏭달쏭 나(완성).show

 작성 조건

· F7 → 쪽 설정 변경
  – 용지 종류 : 화면 슬라이드 쇼(16:9)
  – 슬라이드 방향 : 가로
· 그리기마당에서 '내가 좋아하는 것'과 '내가 싫어하는 것'에 대한 그림을 찾아 완성

# 08

**액티비티**

# 칠교놀이 대회

칠교놀이는 큰 정사각형을 직각 이등변 삼각형과 정사각형, 평행 사변형의 7개의 조각으로 나눠서 여러 가지 형태를 만드는 놀이에요. 먼저 7개의 칠교 조각들을 만든 후에 하트, 여우, 물음표 모양을 하나씩 만들어 볼까요?

**실습파일** : 칠교놀이.show    **완성파일** : 칠교놀이(완성).show

미리보기

**놀이 방법**

❶ 슬라이드 1에 [기본 도형] 범주의 이등변 삼각형, 다이아몬드, 평행 사변형 도형을 삽입해요.

❷ 이등변 삼각형은 4개 더 복제해요.

❸ 각 도형의 채우기 색을 변경하고 윤곽선을 없애요.

❹ 도형의 크기를 조절하고 회전시켜서 칠교판에 딱 맞도록 배치해요.

❺ 슬라이드 2~4의 하트, 여우, 물음표 모양에 칠교 조각들을 배치하여 완성해요.

# 1 칠교놀이 조각 만들기

**01** 한쇼 NEO(2016) 프로그램을 실행하여 [08차시]의 **'칠교놀이.show'** 파일을 열고 **1번 슬라이드**를 선택해요.

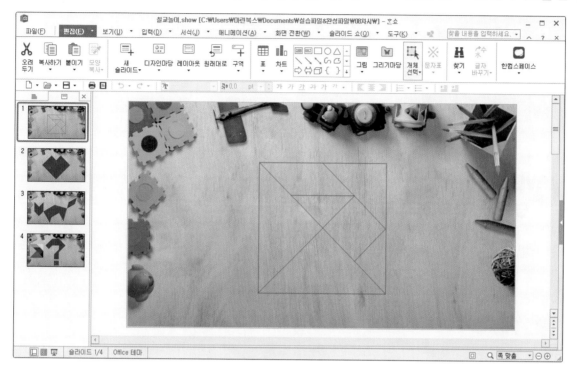

**02** 삼각형을 그리기 위해 **[입력] 탭-[도형]-[기본 도형]-[이등변 삼각형(△)]**을 클릭하고 드래그해요.

**03** 도형 채우기 색을 '주황'으로 변경하고 도형의 선을 없애요.

> 🔅 도형 채우기 색은 여러분이 원하는 색으로 지정해도 돼요. 단, 다른 도형과 색이 겹치지 않아야 해요.

**04** 회전 핸들(↻)을 Shift 를 누른 채 드래그하여 회전시킨 후 크기와 위치를 조정해요. 키보드의 방향키를 이용하면 조금 더 세밀하게 위치 이동이 가능하답니다.

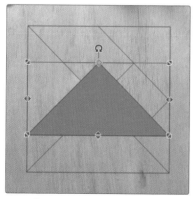
▲ 도형 삽입

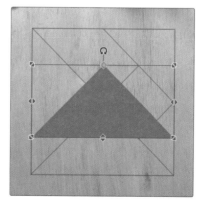
▲ 채우기 색, 선 지정

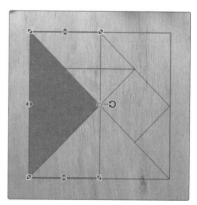
▲ 도형 회전

**05** 같은 방법으로 다음과 같이 이등변 삼각형, 다이아몬드, 평행 사변형 도형을 삽입해요.

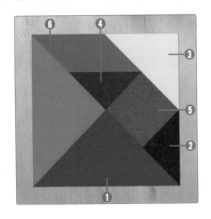

| 구분 | 도형 | 채우기 색 | 선 |
|---|---|---|---|
| ❶ | [기본 도형]-[이등변 삼각형] | 파랑(RGB: 0, 0, 255) | |
| ❷ | [기본 도형]-[이등변 삼각형] | 검은 군청(RGB: 27, 23, 96) | |
| ❸ | [기본 도형]-[이등변 삼각형] | 노랑(RGB: 255, 255, 0) | 선 없음 |
| ❹ | [기본 도형]-[이등변 삼각형] | 보라(RGB: 128, 0, 128) | |
| ❺ | [기본 도형]-[다이아몬드] | 빨강(RGB: 255, 0, 0) | |
| ❻ | [기본 도형]-[평행 사변형] | 초록(RGB: 0, 128, 0) | |

**LEVEL UP 평행 사변형 도형 그리기**

❶ [기본 도형]-[평행 사변형]을 선택한 후 도형을 그려요.

❷ 노란색 조절점을 오른쪽으로 드래그하여 더 뾰족하게 만들어요.

❸ [도형]-[회전]-[좌우 대칭]을 클릭해요.

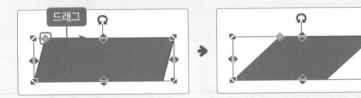
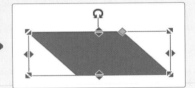

**2 칠교놀이 활동하기**

**01** **1번 슬라이드**의 조각들을 모두 선택하고 Ctrl+C를 눌러 복사하여 **2번 슬라이드**에 Ctrl+V를 눌러 붙여 넣은 후 **하트 모양**을 만들어 보세요.

**02** 다시 **1번 슬라이드**의 조각들을 모두 선택하고 Ctrl + C 를 눌러 복사한 후 **3번 슬라이드**에 Ctrl + V 를 눌러 붙여 넣은 다음 **여우 모양**을 만들어 보세요.

**03** 이번엔 **4번 슬라이드**에 있는 조각들을 이용하여 **물음표 모양**을 만들어 보세요.

💡 해당 슬라이드에는 물음표 모양을 만들기 위한 작은 크기의 조각이 미리 준비되어 있어요.

# 09

**학습목표**

# 표 삽입으로 시간표 만들기

- 표를 삽입할 수 있습니다.
- 표 스타일을 지정할 수 있습니다.
- 표에 내용을 입력하고 셀을 병합할 수 있습니다.

| | |
|---|---|
| | 3 |
| | 1 |
| | 2 |

**표 삽입** 자료들이 정리되지 않고 뒤죽박죽 섞여 있으면 정신이 없겠죠? 자료를 표로 만들면 깔끔하게 정리돼요.
한쇼에서는 원하는 크기의 표를 삽입하고 다양한 표 스타일을 지정할 수 있어요.

실습파일 : 시간표.show      완성파일 : 시간표(완성).show

미리보기

## 1 표 삽입하기

**01** 한쇼 NEO(2016) 프로그램을 실행하여 [09차시]의 **'시간표.show'** 파일을 열어요.

**02** 표를 삽입하기 위해 **[입력] 탭-[표]**를 클릭한 후 마우스 커서를 움직여 표의 크기를 **'7줄×6칸'**으로 지정하고 클릭해요.

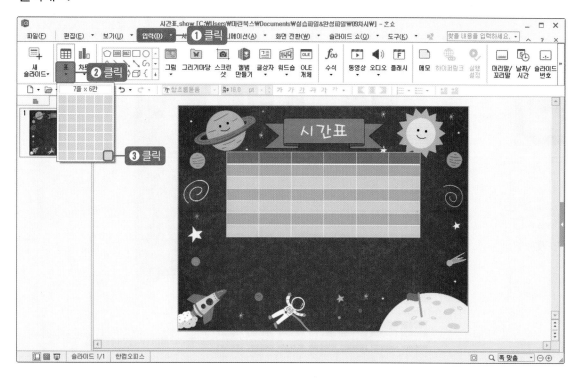

**03** 표의 아래쪽 가운데 크기 조정 핸들을 드래그하여 세로 크기를 변경해요.

**04** 표의 테두리에 마우스 커서를 위치시켜 모양으로 바뀌면 아래로 드래그하여 위치를 변경해요.

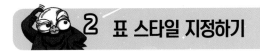

## ② 표 스타일 지정하기

**01** 표 스타일을 지정하기 하기 위해 **[표] 탭**에서 **[표 스타일]** 이미지 꾸러미의 자세히 버튼(▾)을 클릭하여 표 스타일을 지정해요.

- ❸ 보통 스타일 1 – 강조 5

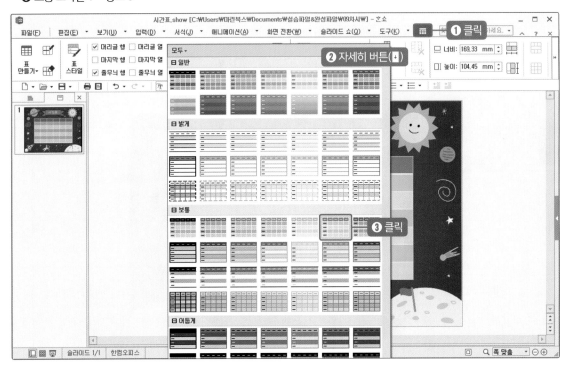

**02** 시간(교시)이 들어가는 첫 번째 열을 진하게 표시하기 위해 **[표] 탭-[머리글 열]**을 선택해요.

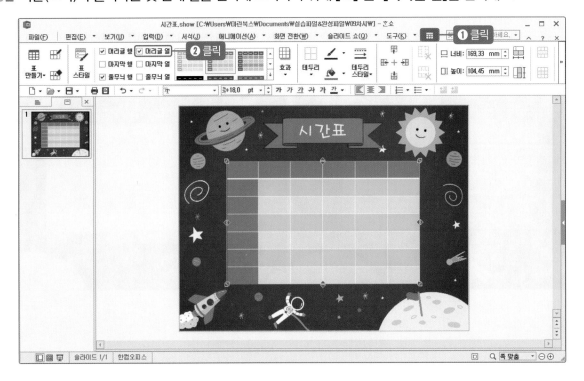

**03** 첫 번째 줄, 첫 번째 칸을 클릭하여 커서를 놓고 대각선을 삽입하기 위해 **[표] 탭-[테두리 색]-[하양(RGB:** **255, 255, 255)]**을 선택한 후 **[테두리]-[대각선 하향 테두리]**를 클릭해요.

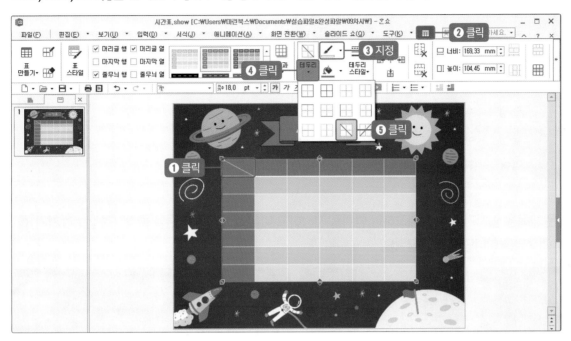

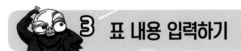
## ❸ 표 내용 입력하기

**01** 표 테두리를 클릭하여 표 전체를 선택한 후 **[서식] 탭**에서 글꼴과 글자 크기, 정렬 방식(가로/세로)을 지정해요.
  - ❸ 글꼴(HY엽서M) ❹ 글자 크기(20pt) ❺ 가운데 정렬 ❻ 가운데 맞춤

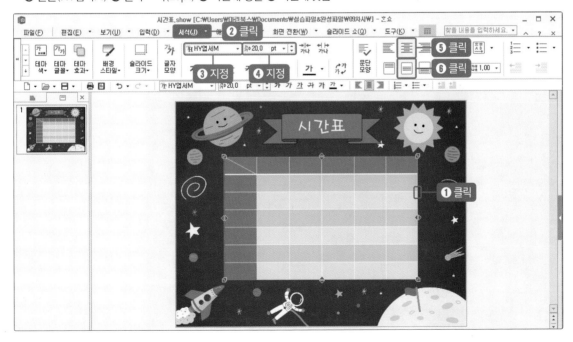

💡 글꼴과 글자 크기, 가운데 정렬은 서식 도구 상자에서 지정해도 돼요.

**02** 첫 번째 줄, 두 번째 칸을 클릭하여 **"월"**을 입력하고 Tab 을 누르면서 다음과 같이 시간표 내용을 입력해요.

| | 월 | 화 | 수 | 목 | 금 |
|---|---|---|---|---|---|
| 1 | 국어 | 즐생 | 국어 | 국어 | 국어 |
| 2 | 수학 | 국어 | 국어 | 수학 | 안전 |
| 3 | 슬생 | 국어 | 수학 | 슬생 | 바생 |
| 4 | 즐생 | 수학 | 즐생 | 슬생 | 즐생 |
| 5 | 즐생 | 바생 | | 즐생 | 창체 |
| 방과후 | 영어 | 컴퓨터 | 영어 | 컴퓨터 | 영어 |

**03** 똑같은 과목을 합치기 위해 드래그하여 범위를 지정하고 마우스 오른쪽 버튼을 클릭하여 **[셀 합치기]**를 클릭한 후 과목명을 하나만 남기고 지워요.

**04** 같은 방법으로 나머지 똑같은 과목들도 셀 병합하면 완성돼요.

혼자서 뚝딱뚝딱

**1** 실습파일을 열어 작성 조건대로 만들어 보세요.

· **실습파일** : 여행지.show     · **완성파일** : 여행지(완성).show

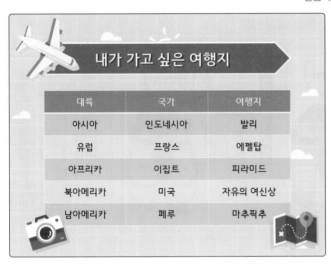

**작성 조건**

· 제목 도형
  – 도형 : [블록 화살표]–[오각형]
  – 채우기 색 : [채우기 색]–[다른 색] →
              RGB: 226, 82, 108 입력
  – 도형 선 : 선 색(하양(RGB: 255, 255, 255)),
            선 굵기(3pt)
  – 텍스트 : 함초롬돋움, 32pt, 진하게, 그림자
· 표
  – 표 스타일 : '보통 스타일 1 – 강조 5'
  – 글자 크기 : 20pt
· 이미지
  – 슬라이드 바깥에 있는 이미지들을 드래그하여
    그림과 같이 배치

📖 **수학 2-2** ▶ 표와 그래프

**2** 실습파일을 열어 슬라이드 1에서 좋아하는 간식별로 학생 수를 세어 슬라이드 2에 작성 조건대로
표와 그래프로 나타내 보세요.

· **실습파일** : 인기 간식.show     · **완성파일** : 인기 간식(완성).show

· ❶, ❷ 표 스타일 : 보통 스타일 1 – 강조 2
· ❶ 표 스타일 옵션 : 머리글 행, 줄무늬 행, 머리글 열 체크
· ❷ 표 스타일 옵션 : 마지막 행, 줄무늬 행, 머리글 열 체크
· 'O' 입력 : "ㅁ"을 입력하고 한자를 누른 후 해당 기호 선택
· "학생 수(명)"은 왼쪽 맞춤, "간식"은 오른쪽 맞춤

# 10 차트로 식물관찰일지 만들기

**학습목표**

- 차트를 삽입할 수 있습니다.
- 차트의 각종 서식을 지정할 수 있습니다.
- 막대 그래프의 막대를 그림으로 채울 수 있습니다.

✿ 차트    차트(chart)는 표의 내용을 그림으로 나타낸 것으로, 그래프(graph)라고도 해요.
            표의 자료를 차트로 나타내면 한눈에 알아보기 편리해요.

실습파일 : 식물관찰일지.show, 1주~6주.png    완성파일 : 식물관찰일지(완성).show

미리보기

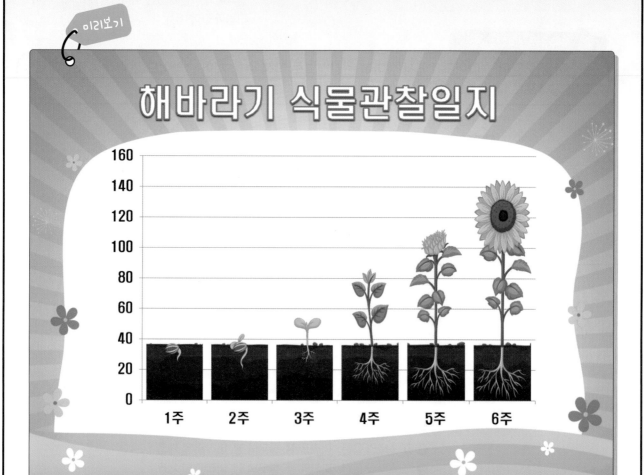

해바라기 식물관찰일지

## 1 차트 삽입하기

**01** 한쇼 NEO(2016) 프로그램을 실행하여 [10차시]의 '**식물관찰일지.show**' 파일을 열어요.

**02** 차트를 삽입하기 위해 [**입력] 탭-[차트]-[묶은 세로 막대형**]을 클릭해요.

**03** [차트 데이터 편집] 대화상자가 나
타나면 [**행 추가하기**] 아이콘(▦)
을 두 번 클릭한 후 다음과 같이 데
이터를 입력해요.

| 1주 | 38 |
|---|---|
| 2주 | 45 |
| 3주 | 55 |
| 4주 | 88 |
| 5주 | 113 |
| 6주 | 145 |

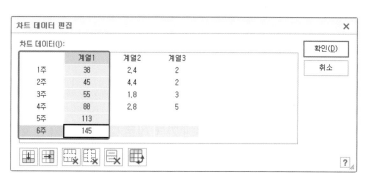

💡 편집하려는 셀을 클릭하여 입력하거나 더블클릭하여 편집 상태로 만든 후
데이터를 입력하면 돼요.

**04** '**계열2**'를 클릭하여 선택하고 [**선택한 열 지우기**] 아이콘(▦)을 두 번 클릭하여 '**계열2**'와 '**계열3**'을 지운 후
<확인>을 클릭해요.

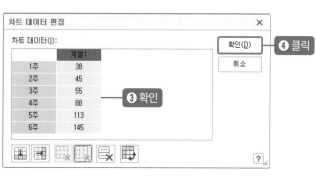

**05** 기본 차트가 만들어지면 [**차트 디자인**] 탭-[**차트 구성 추가**]에서 차트 제목과 범례를 '**없음**'으로 설정해요.

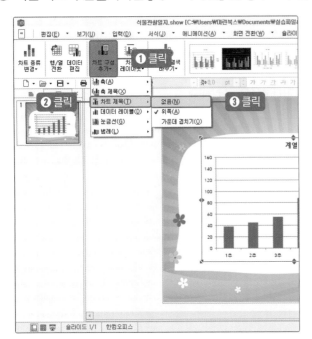 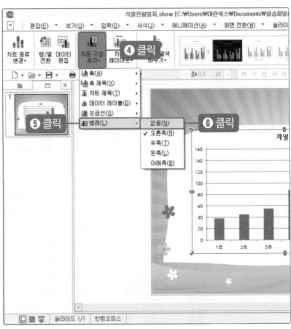

---

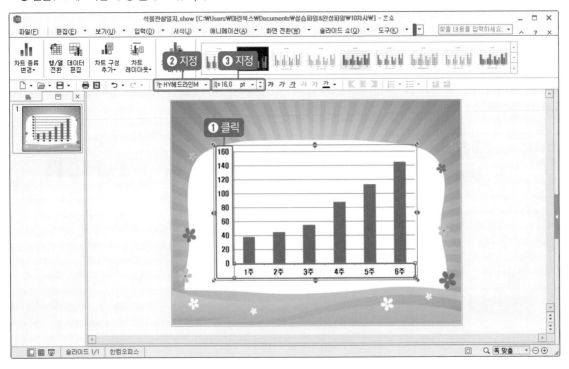

**2 차트 서식 지정하기**

**01** 차트의 글꼴 서식을 지정하기 위해 **기본 세로 축**과 **기본 가로 축**을 각각 선택하고 서식 도구 상자에서 글꼴과
글자 크기를 지정해요.

· ❷ 글꼴(HY헤드라인M) ❸ 글자 크기(16pt)

**02** 막대 사이의 간격을 좁게 하기 위해 막대를 마우스 오른쪽 버튼으로 눌러 **[데이터 계열 속성]**을 클릭해요. [개체 속성] 대화상자의 **[계열] 탭**에서 간격 너비를 15%로 지정한 다음 <설정>을 클릭해요.

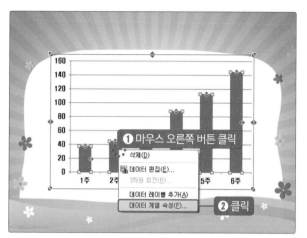 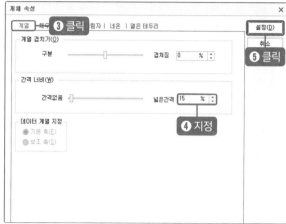

 **막대를 그림으로 채우기**

**01** 막대에 그림을 채우기 위해 전체 막대가 선택된 상태에서 **1주**의 막대를 다시 클릭한 후 마우스 오른쪽 버튼을 눌러 **[데이터 계열 속성]**을 선택해요.

**02** [개체 속성] 대화상자의 **[채우기] 탭**에서 **[질감/그림]-[그림]**을 클릭해요. [그림 넣기] 대화상자에서 [10차시] 폴더의 '**1주.png**' 파일을 선택하여 <넣기>를 클릭한 후 다시 <설정>을 클릭해요.

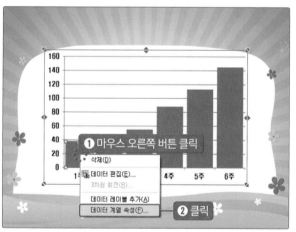 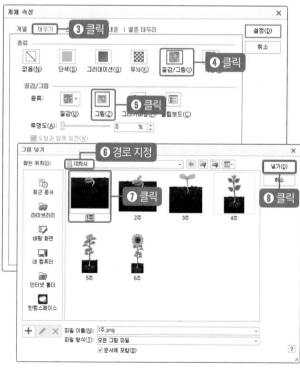

**03** 같은 방법으로 2주~6주 막대를 '**2주.png**'~'**6주.png**' 그림으로 채워요.

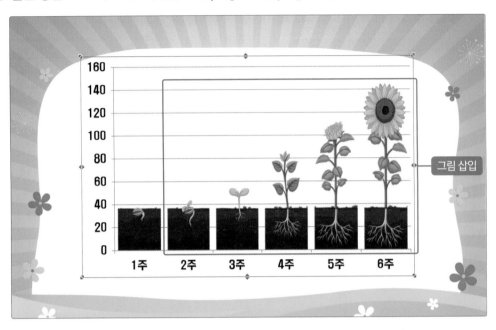

**04** 차트의 크기 조정 핸들을 드래그하여 크기를 키우고 아래로 살짝 내려요.

**05** **워드숍**을 이용하여 슬라이드 제목을 만들면 차트가 완성돼요.

- 워드숍 모양 : 가 (윤곽 – 강조 1, 그림자)
- 글꼴(HY헤드라인M), 글자 크기(43pt)

혼자서 뚝딱 뚝딱

**1** 실습파일을 열어 작성 조건대로 3차원 원형 차트를 만들고 이미지를 배치시켜 보세요.

· 실습파일 : 인기간식 원그래프.show    · **완성파일** : 인기간식 원그래프(완성).show

작성 조건

· 차트 종류 : [원형]-[3차원 원형]
· 차트 데이터

| 떡볶이 | 6 |
|---|---|
| 와플 | 3 |
| 붕어빵 | 2 |
| 호떡 | 1 |

· 차트 스타일 : 스타일 2
· 차트 제목 : 34pt

---

**수학 4-2** ▶ 꺾은선그래프

**2** 실습파일을 열어 작성 조건대로 표식이 있는 꺾은선형 차트를 만들어 보세요.

· 실습파일 : 기온 변화.show    · **완성파일** : 기온 변화(완성).show

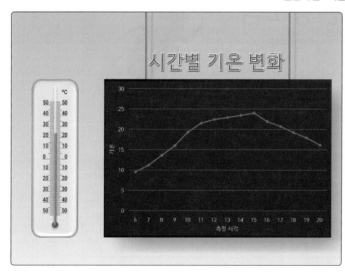

작성 조건

· 차트 종류 : [꺾은선형]-[표식이 있는 꺾은선형]
· 차트 데이터

| 6 | 9.5 | 11 | 21.5 | 16 | 21.9 |
|---|---|---|---|---|---|
| 7 | 11.2 | 12 | 22.4 | 17 | 20.7 |
| 8 | 13.6 | 13 | 22.9 | 18 | 19.2 |
| 9 | 16 | 14 | 23.4 | 19 | 17.9 |
| 10 | 19.3 | 15 | 24 | 20 | 16.1 |

· 차트 레이아웃 : 레이아웃2
  – 가로 축 제목 입력 : 측정 시각
  – 세로 축 제목 입력 : 기온
  – 차트 제목과 범례 삭제
· 차트 스타일 : 스타일 9

#그림 #그림 효과

# 11

# 그림 넣기로 곤충 도감 만들기

- PC에 저장된 그림을 삽입하여 선명하게 수정할 수 있습니다.
- 스크린샷 기능을 활용하여 원하는 그림을 캡처한 후 삽입할 수 있습니다.
- 웹 사이트에서 원하는 이미지를 검색한 후 복사하여 붙여 넣을 수 있습니다.

✿ 그림 넣기  한쇼 NEO(2016)에서는 컴퓨터에 저장된 그림뿐만 아니라 인터넷의 그림이나 화면 캡처된 그림까지 삽입할 수 있어요.

실습파일 : 곤충도감.show, 반딧불이.jpg    완성파일 : 곤충도감(완성).show

미리보기

# 1 삽입된 그림에 효과 적용하기

**01** 한쇼 NEO(2016) 프로그램을 실행하여 [11차시]의 **'곤충도감.show'** 파일을 열고 **1번 슬라이드**의 부제목에 여러분의 학교와 학년, 반, 이름을 입력해요.

**02** 그림에 반사 효과를 주기 위해 나비 그림을 선택하고 **[그림] 탭-[그림 효과]-[반사]-[1/3 크기, 근접]**을 클릭해요.

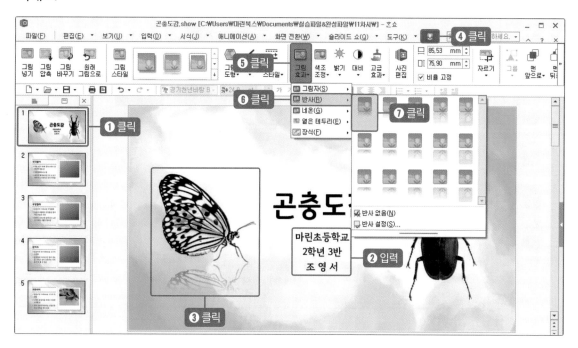

**03** 그림을 회전시키기 위해 넓적사슴벌레 그림을 선택하고 도형의 회전 핸들(↻)을 드래그하여 회전시켜요.

## 2 PC에 저장된 그림 삽입하고 수정하기

01 **2번 슬라이드**를 선택하고 반딧불이 그림을 삽입하기 위해 **[입력] 탭-[그림]**을 클릭하여 [그림 넣기] 대화상자에서 [11차시] 폴더의 **'반딧불이.jpg'**를 선택한 후 <넣기>를 클릭해요.

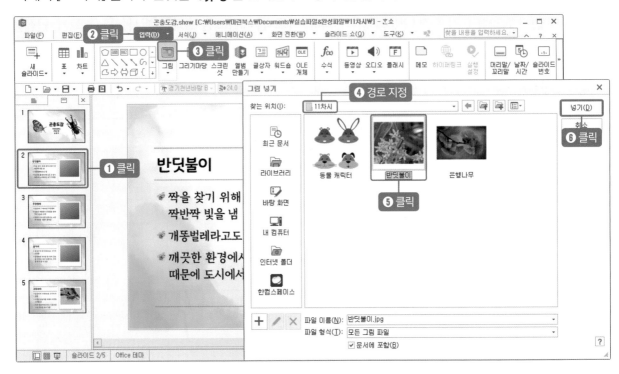

02 삽입된 그림을 드래그하여 회색 배경 위로 위치를 이동해요.

03 그림을 선명하게 만들기 위해 **[그림] 탭-[사진 편집(▥)]**을 클릭하고 [사진 편집기] 대화상자에서 **'선명하게'**를 체크한 후 <적용>을 클릭해요.

💡 '선명하게'의 펼침 버튼(▼)을 클릭하면 선명한 정도를 5단계로 조절할 수 있으며, '효과 없음'을 선택하면 사진에 적용한 효과를 지워요.

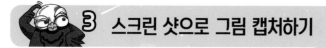
## 3 스크린 샷으로 그림 캡처하기

**01** '마이크로소프트 엣지( )'나 '크롬( )' 등의 웹 브라우저를 실행한 후 주소 **"pixabay.com"**를 입력하여 이미지 사이트에 접속해요.

**02** 검색 상자에서 **"무당벌레"**를 검색한 후 원하는 그림을 클릭해요.

**03** 작업 중이던 한쇼 프로그램을 다시 열어 3번 슬라이드를 선택하고 화면을 캡처하기 위해 **[입력] 탭–[스크린 샷]**을 클릭해요. [스크린 샷] 대화상자가 나오면 **<화면 캡처>**를 클릭해요.

**04** 검색한 무당벌레 이미지가 활성화되면 드래그하여 삽입할 영역을 지정한 후 그림의 크기와 위치를 조정해요.

**4 웹 사이트에서 그림 복사하여 붙여 넣기**

01 이번에는 검색 상자에서 **"잠자리"**를 검색한 후 원하는 그림을 마우스 오른쪽 버튼으로 클릭하여 **[이미지 복사]**를 클릭해요.

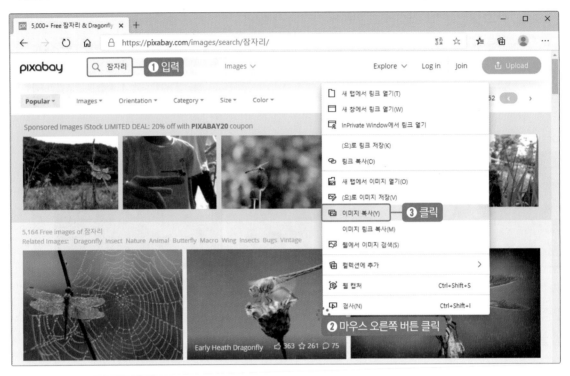

💡 웹 브라우저의 종류에 따라 이미지를 복사하는 메뉴의 이름이 [복사] 등과 같이 다를 수 있어요.

02 **4번 슬라이드**를 선택하여 Ctrl+V를 눌러 붙여 넣은 후 크기 조정 핸들을 드래그하여 크기를 조정하면 곤충 도감이 완성돼요.

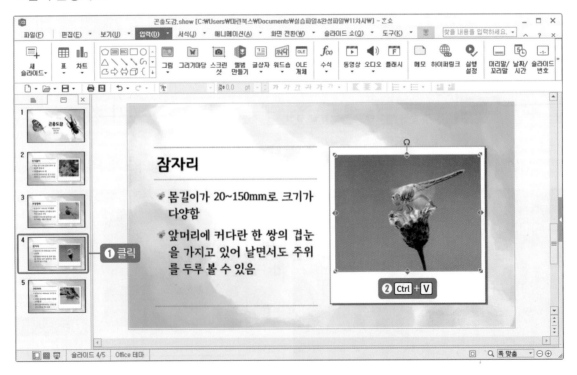

혼자서 뚝딱뚝딱

**1** 실습파일을 열어 '동물 캐릭터.png'를 삽입한 후 사진 편집 기능으로 자유롭게 꾸며보세요.

· 실습파일 : 동물친구.show, 동물 캐릭터.png     · 완성파일 : 동물친구(완성).show

 dog      rabbit

 squirrel      cat

📖 **과학 4-2** ▷ 식물의 생활

**2** 실습파일을 열어 식물 이름을 입력하고 작성 조건대로 식물 사진을 삽입해 보세요.

· 실습파일 : 주변식물.show, 은행나무.jpg     · 완성파일 : 주변식물(완성).show

 작성 조건

· 은행나무 : [입력] 탭–[그림] 클릭하여 '은행나무.jpg' 삽입
· 해바라기 : 웹 브라우저에서 "pixabay.com" 접속 후 "해바라기" 검색하여 스크린 샷 활용
· 닭의장풀 : 웹 브라우저에서 "pixabay.com" 접속 후 "닭의장풀" 검색하여 이미지 복사하고 붙여넣기

#그림 편집 #그룹화 #그림 정렬

# 12

### 학습목표

# 그림 편집으로 러시아 인형 만들기

- 그림의 배경을 제거하고 자르기하여 그룹화할 수 있습니다.
- 그림을 복제하고 크기를 작게 하여 색을 변경할 수 있습니다.
- 그림을 정렬하고 순서를 변경할 수 있습니다.

원본...

오호~

으흐흐...

ㅠㅠ...

 그림 편집

한쇼 NEO(2016)에서는 다양한 그림 편집 기능을 제공해요.
포토샵과 같은 전문적인 프로그램이 없어도 배경 제거, 선명도 조절, 밝기/대비, 다시 칠하기, 꾸밈 효과 등의 작업이 가능해요.

실습파일 : 러시아 인형.show, 마트료시카.jpg          완성파일 : 러시아 인형(완성).show

미리보기

- '마트료시카'는 나무로 만든 러시아의 인형이에요.
- 큰 인형 안에서 작은 인형이 나오고 또 그 안에서 더 작은 인형이 나오는 신기한 인형이에요.
- 보통 5개 이상의 인형으로 만들어지는 경우가 많아요.

**1 그림 삽입하고 배경 제거하기**

**01** 한쇼 NEO(2016) 프로그램을 실행하여 [12차시]의 **'러시아 인형.show'** 파일을 열어요.

**02** **[입력] 탭-[그림]**을 클릭하여 [그림 넣기] 대화상자에서 [12차시] 폴더의 **'마트료시카.jpg'**를 선택한 후 <넣기>를 클릭해요.

**03** 그림의 배경을 투명하게 하기 위해 **[그림] 탭-[사진 편집( )]**을 클릭하고 [사진 편집기] 대화상자에서 **'투명 효과( )'**를 눌러 흰색 배경을 선택하고 <적용>을 클릭해요.

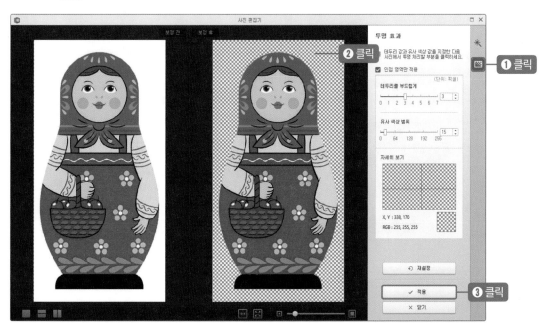

## ❷ 인형을 반으로 나누기

**01** 그림의 불필요한 영역을 자르기 위해 **[그림] 탭-[자르기]**를 클릭한 후 검은색 자르기 핸들을 인형 크기에 맞춰 드래그해요.

**02** Esc를 눌러 자르기를 완료하고 Ctrl + Shift를 누른 채 왼쪽으로 드래그하여 복제해요.

**03** 왼쪽 그림이 선택된 상태에서 **[자르기]**를 클릭하여 아래쪽 가운데 검은색 자르기 핸들을 위로 드래그해요.

**04** 같은 방법으로 오른쪽 그림을 **[자르기]**하여 아래쪽 부분만 보이게 해요.

**05** 오른쪽 몸통을 왼쪽으로 드래그하여 하나의 그림처럼 보이게 해요. Shift를 누른 채 머리와 몸통을 각각 선택한 다음 마우스 오른쪽 버튼을 눌러 **[그룹화]-[개체 묶기]**를 클릭해요.

Ctrl + G를 눌러도 그룹화할 수 있어요.

**3** 인형을 복제하여 작게 만들고 색 변경하기

**01** Ctrl+Shift를 누른 채 인형을 오른쪽으로 드래그하여 복제한 후 Shift를 누른 채 크기 조정 핸들을 드래그하여 크기를 작게 만들어요.

**02** 같은 방법으로 점점 작아지는 인형을 **3개** 더 만들어요.

**03** 두 번째 그림의 색을 바꾸기 위해 그림을 선택하고 **[그림] 탭-[색조 조정]-[어두운 강조 색 1]**을 클릭해요.

**04** 같은 방법으로 3~5번째 그림의 색도 다음과 같이 변경해요.

• 3번째 그림 : '어두운 강조 색 2'

• 4번째 그림 : '어두운 강조 색 4'

• 5번째 그림 : '어두운 강조 색 5'

**12** 그림 편집으로 러시아 인형 만들기　71

**④ 인형을 조립하여 가지고 놀기**

01 Ctrl + A 를 눌러 인형을 모두 선택한 후 [그림] 탭-[맞춤]-[가운데 맞춤]을 클릭해요.

02 Esc 를 눌러 선택을 해제하고 두 번째 그림을 마우스 오른쪽 버튼으로 클릭하여 [순서]-[맨 뒤로]를 클릭한 후 같은 방법으로 3~5번째 그림도 순서대로 맨 뒤로 보내요.

03 그림을 마우스 오른쪽 버튼으로 클릭하여 [그룹화]-[개체 풀기]를 클릭하여 인형을 하나씩 옮겨 보세요.

혼자서 뚝딱 뚝딱

**1** 한쇼 NEO(2016)을 실행하고 만원 이미지와 내얼굴 이미지를 삽입하여 나만의 지폐를 만들어 보세요.

· 실습파일 : 이미지 파일(만원, 내얼굴)　　· 완성파일 : 나만의 지폐.show

 · 내얼굴.jpg
　　– [색조 조정]–[어두운 강조 색 5]
　　– [회전]–[좌우 대칭]
　　– 시계 방향으로 약간 회전
　　– 맨 뒤로

📖 **겨울 1-2** ▸ 맛나고 정겨운 우리 음식

**2** 실습파일을 열어 음식 이미지들을 삽입한 후 배경을 제거하여 다음과 같이 만들어 보세요.

· 실습파일 : 전통 음식.show, 이미지 파일(김치, 냉면, 비빔밥, 삼계탕, 잡채)　　· 완성파일 : 전통 음식(완성).show

HANSHOW
NEO(2016)

#사진 앨범 #테마 설정 #오디오

# 13

**학습목표**

# 사진 앨범으로 가족 여행 앨범 만들기

· 사진 앨범에 들어갈 사진을 선택하고 순서를 변경할 수 있습니다.
· 사진 앨범의 그림 레이아웃과 프레임 모양을 지정할 수 있습니다.

✡ 사진 앨범

아름다운 추억이 담긴 사진 앨범은 오래되면 닳거나 잃어버릴 수도 있어요.
한쇼의 사진 앨범 기능은 사진을 지정하고 디자인만 선택하면 사진 앨범을 쉽고 빠르게 만들 수 있게 해줘요.

실습파일 : [해수욕장] 폴더의 사진 5장      완성파일 : 가족 여행 앨범.show

미리보기

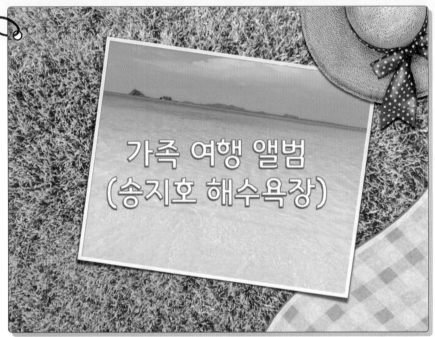

74

# 1 사진 앨범 만들기

**01** 한쇼 NEO(2016) 프로그램을 실행한 후 **[입력]–[앨범 만들기]**를 클릭해요.

**02** 왼쪽 상단의 **[파일]**을 클릭하여 **[컴퓨터]**를 선택한 후 필요한 사진이 들어 있는 **[13차시]–[해수욕장]** 폴더를 선택해요.

**03** 정렬 방법을 '**이름순 정렬**'로 지정하고 '**전체 선택**'을 선택한 후 <확인>을 클릭해요.

**01** [삽입할 앨범 편집] 화면에서 **[목록 보기]**를 클릭하고 아래 그림과 같은 사진을 선택한 후 **<편집>**을 클릭해요.

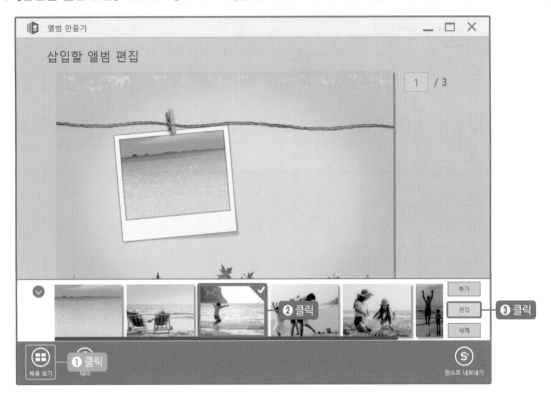

**02** [사진 꾸미기] 화면에서 **[스티커]**를 클릭하고 **음표가 들어 있는 말풍선**을 선택해요.

**03** 사진에 스티커가 삽입되면 드래그하여 위치를 조정하고 **<적용>**을 클릭해요. 이어서, 닫기 버튼(❌)을 클릭한 후 **[저장 후 닫기]**를 눌러 해당 사진 편집을 완료해요.

**04** [테마]를 클릭하여 '**피크닉**' 테마를 선택해요.

> 앨범 테마 목록의 썸네일을 좌우로 드래그하거나 마우스 휠을 위아래로 스크롤하면 목록을 모두 볼 수 있어요.

**05** 테마 목록의 ⌄ 버튼을 클릭하여 테마 목록을 숨긴 후 앨범을 좌우로 드래그하며 확인해 보세요. **[한쇼로 내보내기]**를 클릭하여 앨범 만들기를 종료해요.

## ③ 슬라이드 크기 변경하고 저장하기

01 앨범 크기에 맞게 슬라이드 크기를 변경하기 위해 **[서식] 탭-[슬라이드 크기]-[화면 슬라이드 쇼(4:3)]**을 클릭해요.

02 [최대화/맞춤 확인] 대화상자에서 '**최대화**'를 선택하고 <확인>을 클릭해요.

03 비어 있는 **1번 슬라이드**를 선택하고 Delete 를 눌러 삭제한 후 새로운 **1번 슬라이드**에 워드숍을 삽입하여 슬라이드 제목을 만들어요.

  • 워드숍 모양 : 가(윤곽 – 강조 1, 그림자)

  • 글꼴(경기천년제목 Medium), 글자 크기(54pt)

04 **3번 슬라이드** 두 번째 사진의 크기를 조절한 후 회전시켜 가족 여행 앨범을 완성해 보세요.

05 **[파일] 탭-[저장하기]**를 클릭하여 '**가족 여행 앨범.show**'로 저장해요.

## 혼자서 뚝딱뚝딱

새 프레젠테이션을 열어 작성 조건대로 앨범을 만든 후 '베프 앨범.show'로 저장해 보세요.

· 실습파일 : [친구] 폴더의 그림 8장　　· 완성파일 : 베프 앨범.show

- [입력]–[앨범 만들기]
- [13차시]–[친구] 폴더의 그림 8장을 원하는 순서로 선택
- 각각의 그림을 자유롭게 편집
- 테마 : 스케치북
- 슬라이드 크기 : 화면 슬라이드 쇼(4:3)
- 워드숍 삽입
  - 슬라이드 1에 앨범의 제목을 입력
  - 원하는 글꼴 서식으로 변경
- 글상자 삽입
  - 사진 앨범에 부가 내용을 입력
  - 원하는 글꼴 서식으로 변경

HANSHOW NEO(2016)

#하이퍼링크 #슬라이드 복제

# 14 하이퍼링크로 타임머신 만들기

**학습목표**

- 슬라이드를 복제할 수 있습니다.
- 주어진 조건대로 버튼을 만들 수 있습니다.
- 버튼 도형에 하이퍼링크를 삽입할 수 있습니다.

✡ 하이퍼링크   하이퍼링크는 클릭 한 번만으로 연결된 위치로 순간 이동하는 기능이에요.
문서의 특정한 위치에 현재 문서의 다른 슬라이드나 웹 페이지 등을 연결하여 쉽게 참조하거나 이동할 수 있어요.

실습파일 : 타임머신.show, 이미지 파일(조종석,홈,고조선,고구려,백제,신라,고려,조선)   완성파일 : 타임머신(완성).show

미리보기

**1 조종석을 만들고 슬라이드 복제하기**

**01** 한쇼 NEO(2016) 프로그램을 실행하여 [14차시]의 **'타임머신.show'** 파일을 열어요.

**02** **[입력] 탭-[그림]**을 클릭하여 [그림 넣기] 대화상자에서 [14차시] 폴더의 **'조종석.png'**를 선택한 후 <넣기>
를 클릭해요.

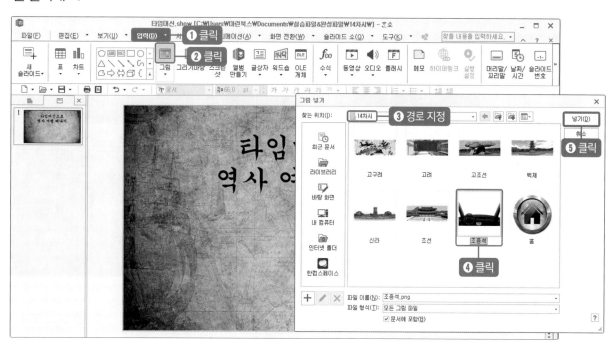

**03** 역사 속 장면 6장을 만들기 위해 왼쪽의 슬라이드 창에서 **1번 슬라이드**를 마우스 오른쪽 버튼으로 눌러 **[선택
한 슬라이드 복제]** 클릭을 **6번** 반복해요.

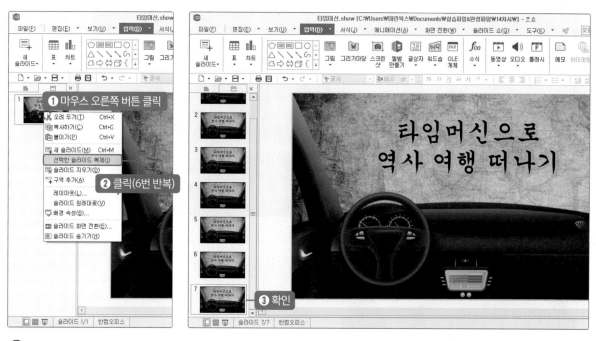

🔅 Ctrl + D 를 눌러도 슬라이드가 복제돼요.

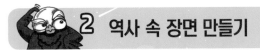
**01** **2번 슬라이드**를 선택하고 **[입력] 탭-[그림]**을 클릭하여 [그림 넣기] 대화상자에서 [14차시] 폴더의 '**고조선.jpg**'를 선택한 후 <넣기>를 클릭해요.

**02** 그림을 드래그하여 슬라이드 위쪽에 위치시킨 후 마우스 오른쪽 버튼을 클릭하여 **[순서]-[맨 뒤로]**를 클릭해요.

**03** 같은 방법으로 **3~7번 슬라이드**에 시대순으로 이미지를 삽입하여 크기와 위치를 조정한 후 **맨 뒤로** 보내요.

- 3번 슬라이드 : 고구려.jpg
- 4번 슬라이드 : 백제.jpg
- 5번 슬라이드 : 신라.jpg
- 6번 슬라이드 : 고려.jpg
- 7번 슬라이드 : 조선.jpg

 **3 버튼 만들기**

**01** **1번 슬라이드**를 선택하여 핸들(스티어링 휠) 오른쪽에 도형을 삽입하고 도형 스타일과 글꼴을 지정한 후 "고조선"을 입력해요.

- 도형 : [사각형]-[모서리가 둥근 직사각형(▢)]
- 도형 스타일 : 밝은 계열 – 강조 3
- 글꼴 : 글꼴(휴먼모음T), 글자 크기(14pt), 글자 색(검정(RGB: 0, 0, 0))

**02** Ctrl+Shift를 누른 채 작성한 도형을 오른쪽으로 드래그하여 **5개** 복제한 후 텍스트를 수정해요.

**03** 핸들(스티어링 휠) 중앙에 '**홈.png**'를 삽입해요.

**01** '**고조선**' 버튼을 마우스 오른쪽 버튼으로 눌러 [**하이퍼링크**]를 클릭한 후 [하이퍼링크] 대화상자에서 [**현재 문서**]-[슬라이드 2]를 선택하고 <넣기>를 클릭해요.

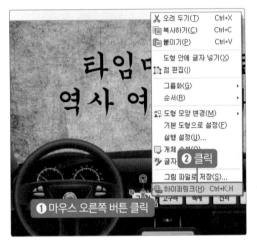

💡 버튼을 선택한 후 [입력] 탭-[하이퍼링크]를 클릭해도 하이퍼링크를 삽입할 수 있어요.

**02** 같은 방법으로 다음과 같이 각 버튼에 하이퍼링크를 삽입해요.

- '고구려' 버튼 : 슬라이드 3
- '고려' 버튼 : 슬라이드 6
- '백제' 버튼 : 슬라이드 4
- '조선' 버튼 : 슬라이드 7
- '신라' 버튼 : 슬라이드 5
- '홈' 버튼 : 슬라이드 1

**03** Shift 를 누른 채 홈 버튼과 각각의 시대 버튼들을 모두 선택하고 Ctrl + C 를 눌러 복사한 후 **2~7번 슬라이드**에 Ctrl + V 를 눌러 붙여넣어요.

▲ 2번 슬라이드

▲ 3번 슬라이드

▲ 4번 슬라이드

▲ 5번 슬라이드

▲ 6번 슬라이드

▲ 7번 슬라이드

**04** [슬라이드 쇼] 탭-[처음부터]를 클릭하여 각 버튼을 눌렀을 때 해당 슬라이드로 이동되는지 확인해 보면서 타임머신으로 역사 여행을 떠나보세요.

💡 F5 를 눌러 슬라이드 쇼를 시작할 수도 있어요.

혼자서 뚝딱뚝딱

**1** 실습파일을 열어 생일을 선택하면 해당 별자리로 이동하도록 하고, 각 별자리 화면에 이동 버튼을 만들어 보세요.

· 실습파일 : 나의 별자리.show　　· 완성파일 : 나의 별자리(완성).show

작성조건
· 이동 버튼 : [블록 화살표]-[갈매기형 수장(⟩)]
· ⟨ : 이전 슬라이드, ⟩ : 다음 슬라이드, ⌃ : 슬라이드 2

**과학 5-1** ▸ 태양계와 별

**2** 실습파일을 열어 각 행성의 이름을 입력한 후 행성의 이름을 클릭하면 관련된 내용을 설명하는 위키백과 페이지로 이동하도록 하이퍼링크를 만들어 보세요.

· 실습파일 : 태양계.show　　· 완성파일 : 태양계(완성).show

힌트
· 수성 : https://ko.wikipedia.org/wiki/수성
· 금성~해왕성 : "https://ko.wikipedia.org/wiki/"를 복사하여 붙여 넣은 후 행성 이름만 입력하면 돼요.

HANSHOW
NEO(2016)

#레이아웃 #실행 #모양 복사

# 15

## 실행 기능으로 피아노 연주하기

학습목표

- 배경을 그림으로 채울 수 있습니다.
- 피아노 건반을 마우스로 클릭하면 소리가 나게 할 수 있습니다.
- 도형이 보이지 않도록 서식을 지정할 수 있습니다.

★ 실행   실행은 개체를 클릭했을 때 정해진 동작을 하는 기능이에요.
이 기능을 활용하면 정말 다양한 작품을 만들 수 있어요.

실습파일 : 피아노 건반.png, 도/레/미/파/솔/라/시/도.wav     완성파일 : 피아노(완성).show

미리보기

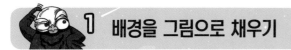 **1 배경을 그림으로 채우기**

01 한쇼 NEO(2016)프로그램을 실행한 후 **[새 프레젠테이션 만들기]**를 선택하고 <확인>을 클릭해요.

02 슬라이드 레이아웃을 '**빈 화면**'으로 변경하기 위해 왼쪽의 슬라이드 창을 마우스 오른쪽 버튼으로 클릭하여 **[레이아웃]–[빈 화면]**을 클릭해요.

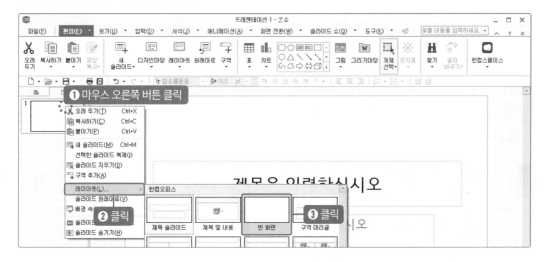

03 배경을 피아노 건반 이미지로 바꾸기 위해 슬라이드에서 마우스 오른쪽 버튼을 눌러 **[배경 속성]**을 클릭한 후 [배경 속성] 대화상자에서 **[채우기]–[질감/그림]**을 선택하고 **[그림]**을 클릭해요.

04 [그림 넣기] 대화상자에서 [15차시] 폴더의 '**피아노 건반.jpg**'를 선택하고 <넣기>를 클릭한 후 [배경 속성] 대화상자에서 <적용>을 클릭하면 배경이 그림으로 채워져요.

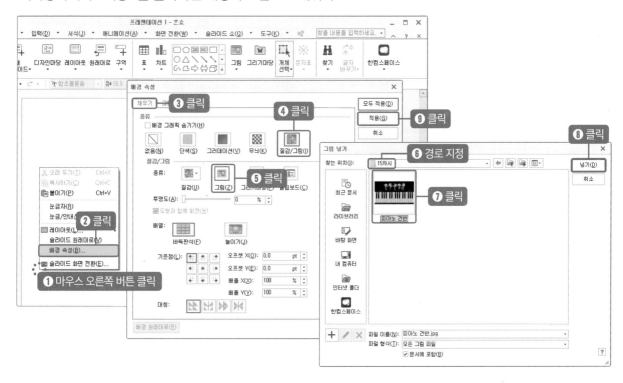

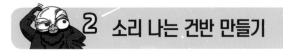

## 2 소리 나는 건반 만들기

01 직사각형을 그리기 위해 **[입력] 탭-[도형]-[사각형]-[직사각형(□)]**을 클릭하고 가운데 '도' 위치에 드래 그해요.

02 도형을 클릭하면 소리가 재생되도록 하기 위해 도형을 마우스 오른쪽 버튼으로 클릭하여 **[실행 설정]**을 클릭 해요.

03 [실행 설정] 대화상자에서 **'소리 재생'**을 체크하고 **'소리 효과 없음'**을 클릭하여 **'다른 소리'**를 클릭해요.

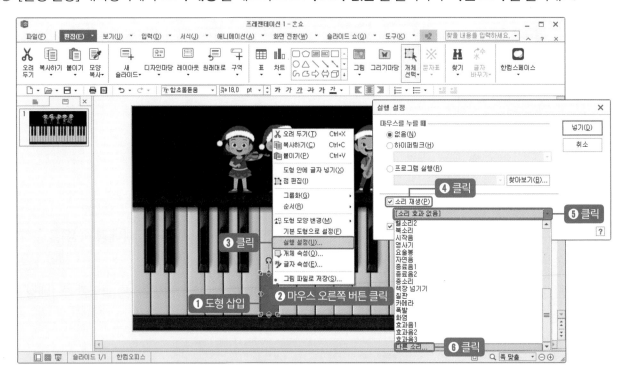

04 [오디오 넣기] 대화상자에서 **'1-도.wav'** 파일을 선택하고 <열기>를 클릭한 후 [실행 설정] 대화상자에서 <넣 기>를 클릭해요.

💡 도형이 선택되어 있어야 [실행 설정] 아이콘이 활성화돼요.

**05** Ctrl + Shift 를 누른 채 직사각형 도형을 오른쪽으로 드래그하여 **7개** 복제해요.

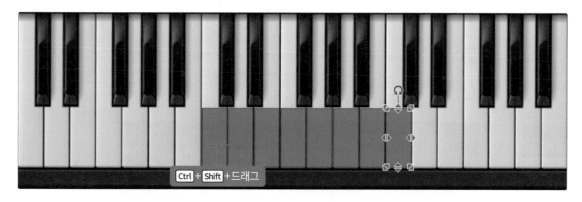

**06** 복제된 도형을 각각 선택하고 **[입력] 탭-[실행 설정]**을 클릭하여 소리 재생의 오디오 파일을 다음과 같이 변경해요.

- ❶ : 2-레.wav ❷ : 3-미.wav ❸ : 4-파.wav ❹ : 5-솔.wav ❺ : 6-라.wav ❻ : 7-시.wav ❼ : 8-도.wav

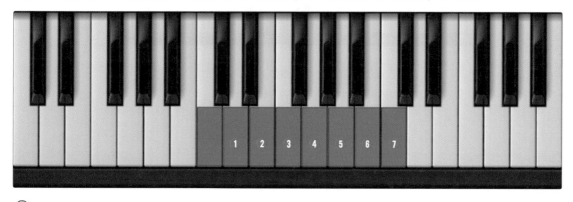

💡 해당 도형 위에서 마우스 오른쪽 버튼을 눌러 [실행 설정]을 클릭하는 방법도 있어요.

**07** 도형을 보이지 않게 하기 위해 첫 번째 도형을 마우스 오른쪽 버튼으로 눌러 **[개체 속성]**을 클릭해요.

**08** **[개체 속성]** 창의 **[채우기] 탭**에서 투명도를 '**100%**', **[선] 탭**에서 선 색을 '**없음**'으로 선택하고 <설정>을 클릭해요.

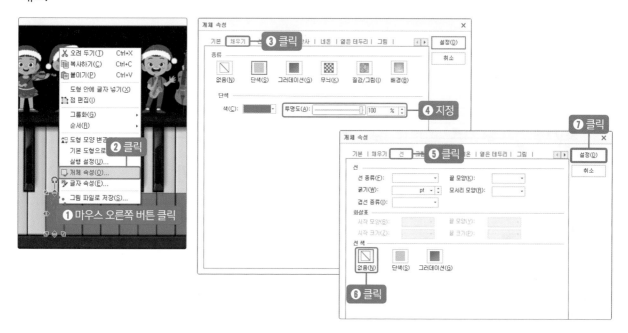

**09** 첫 번째 도형의 서식(투명도 100%, 선 없음)을 다른 도형에도 똑같이 적용하기 위해 **[편집] 탭-[모양 복사]** 아이콘(📝)을 더블 클릭하고 나머지 도형들을 하나씩 선택하여 서식을 변경한 후 Esc 를 눌러요.

💡 모양 복사 아이콘을 클릭하면 해당 서식을 다른 개체에 한 번만 적용할 수 있고, 더블 클릭하면 여러 번 적용할 수 있어요.

 **③ 피아노 연주하기**

**01** **[슬라이드 쇼] 탭-[처음부터]**를 클릭하여 마우스 커서를 위치시키면 해당 건반의 소리가 나는지 확인해 보세요.

💡 F5 를 눌러 슬라이드 쇼를 시작할 수도 있어요.

**02** 다음의 악보를 보고 연주해 보세요.

혼자서 뚝딱뚝딱

**1** 실습파일을 열어 작성 조건대로 셔터를 누를 때마다 음식 사진이 찍히도록 만들어 보세요.

· **실습파일** : 카메라.show     · **완성파일** : 카메라(완성).show

▲ 1번 슬라이드

▲ 2번 슬라이드

▲ 3번 슬라이드

▲ 4번 슬라이드

▲ 5번 슬라이드

▲ 6번 슬라이드

작성조건

| 셔터 도형 | · 1번 슬라이드 카메라 오른쪽 위에 타원 도형 삽입<br>  – 도형 : [기본 도형]–[타원(○)]<br>  – 도형 스타일 : [어두운 계열 – 강조 2]<br>· 작성된 도형을 복사(Ctrl+C)한 후 2~6번 슬라이드에 붙여넣기(Ctrl+V) |
|---|---|
| 실행 설정 | · 셔터 도형 선택 후 [입력] 탭–[실행 설정] 클릭<br>· 실행 설정에서 하이퍼링크 적용<br>  – 1~5번 슬라이드 : [하이퍼링크]–[다음 슬라이드]<br>  – 6번 슬라이드 : [하이퍼링크]–[첫째 슬라이드]<br>· 실행 설정에서 옵션 선택<br>  – 소리 재생 : 카메라<br>  – '누를 때 강조 표시' 항목에 체크 |

# 16 퀴즈 게임

액티비티

한쇼를 이용하여 재미있는 퀴즈 게임을 만들 수 있다는 사실 알고 계셨나요? 다른 사람에게 자랑하고
싶은 퀴즈와 정답을 슬라이드에 적어보고 해당 퀴즈를 맞췄을 때 다음 문제로 넘어가도록 슬라이드를
완성해 보세요.

**실습파일** : 퀴즈 게임.show　　　**완성파일** : 퀴즈 게임(완성).show

미리보기

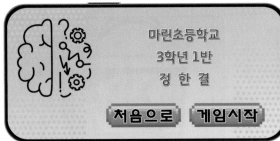

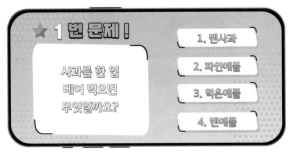

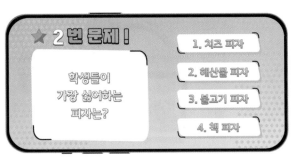

# 1 하이퍼링크 설정하기

**01** 한쇼 NEO(2016) 프로그램을 실행하여 [16차시]의 **'퀴즈 게임.show'** 파일을 열어요.

**02** 게임 구성을 확인하고 각 슬라이드의 버튼 혹은 텍스트에 하이퍼링크를 설정해요. 하이퍼링크는 **[입력] 탭–[하이퍼링크]**를 클릭하여 지정할 수 있어요.

[슬라이드 1] 메인 화면

[슬라이드 2] 개발자 소개 화면

- "개발자" 버튼 → 슬라이드 2
- "게임시작" 버튼 → 슬라이드 3

- "처음으로" 버튼 → 슬라이드 1
- "게임시작" 버튼 → 슬라이드 3

💡 2번 슬라이드(개발자 소개 화면)에 여러분의 학교, 학년, 반, 이름을 입력하세요.

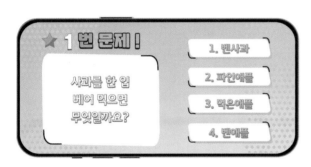

[슬라이드 3] 문제 시작 화면

[슬라이드 4] 마지막 문제를 맞춘 화면

- "1. 벤사과" 텍스트 → 마지막 슬라이드
- "2. 파인애플" 텍스트 → 다음 슬라이드
- "3. 먹은애플" 텍스트 → 마지막 슬라이드
- "4. 벤애플" 텍스트 → 마지막 슬라이드

💡 텍스트를 하이퍼링크로 설정할 때는 텍스트가 입력된 개체 틀의 테두리가 선택된 상태에서 작업해요.

[슬라이드 5] 게임 실패 화면

- "그만하기" 버튼 → 쇼 마침
- "다시하기" 버튼 → 슬라이드 1

01 왼쪽의 슬라이드 창에서 3번 슬라이드를 마우스 오른쪽 버튼으로 눌러 [**선택한 슬라이드 복제**]를 클릭해요.

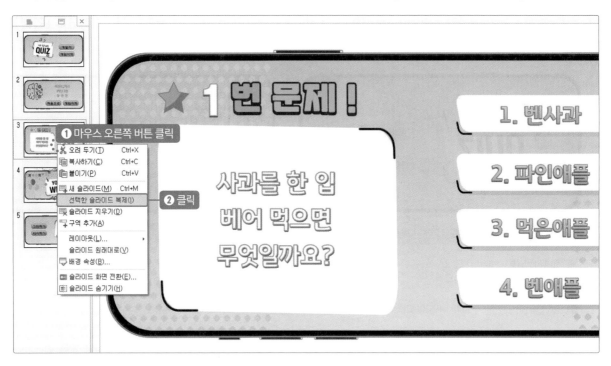

02 4번 슬라이드를 원하는 내용으로 변경해 보세요.

💡 인터넷 검색 창에 '넌센스 퀴즈'를 입력하면 재미난 퀴즈를 찾을 수 있어요!

**03** 아래 내용을 참고하여 4개의 문항에 하이퍼링크를 다시 지정해요. 텍스트가 입력된 개체 틀의 테두리 위에서
마우스 오른쪽 버튼을 눌러 **[하이퍼링크 고치기]**를 선택하여 수정할 수 있어요.

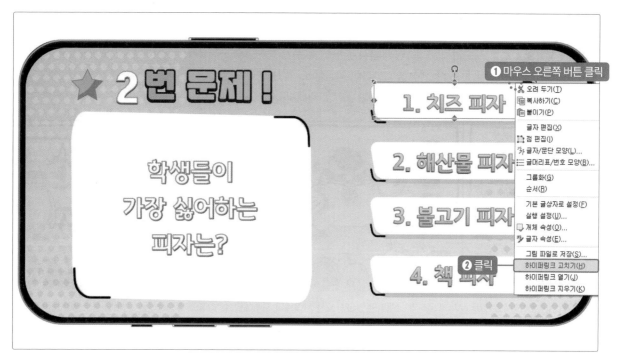

- "1. 치즈 피자" 텍스트 → 마지막 슬라이드
- "2. 해산물 피자" 텍스트 → 마지막 슬라이드
- "3. 불고기 피자" 텍스트 → 마지막 슬라이드
- "4. 책 피자" 텍스트 → 다음 슬라이드

정답 텍스트는 '다음 슬라이드'로, 오답 텍스트는 마지막 슬라이드로 연결해요.

**04** 동일한 방법으로 퀴즈를 더 추가해 보세요.

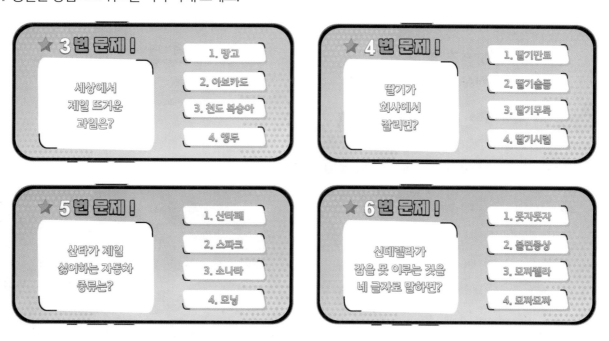

**05** [슬라이드 쇼]-[처음부터]를 클릭하여 게임을 즐겨보세요.

F5 를 눌러도 처음 슬라이드부터 슬라이드 쇼가 진행될 거예요.

#동영상 #재생 설정 #서체 다운로드

# 17 동영상 삽입으로 제주도 여행하기

**학습목표**

- 제주서체를 내려받아 설치할 수 있습니다.
- 내 PC의 동영상을 삽입하여 동영상 스타일을 변경할 수 있습니다.
- 온라인 동영상을 삽입하여 영상을 재생시킬 수 있습니다.

✷ **동영상 넣기**  한쇼로 만든 문서에 글자와 그래픽만 있으면 보는 사람들이 지루해할 수 있어요. 그런데 중간 중간에 동영상이 들어가면 훨씬 더 재미있어 하고 집중하게 되겠죠? 컴퓨터에 저장된 동영상 파일뿐만 아니라 인터넷의 동영상도 삽입할 수 있어요.

실습파일 : 제주도 여행.show, 협재 해수욕장.mp4, 일출.mp4      완성파일 : 제주도 여행(완성).show

**미리보기**

영상으로 떠나는
제주도 여행

**협재 해수욕장**

- 제주특별자치도 제주시 한림읍에 있는 해수욕장
- 드넓게 펼쳐진 하얀 백사장이 정말 아름다움

**성산 일출봉**

- 제주특별자치도 서귀포시 성산읍에 있는 화산
- 성산 일출봉에서의 일출은
  대한민국에서 가장 아름다움

**만장굴**

- 제주특별자치도 제주시 구좌읍에 있는 용암 동굴
- 세계에서 가장 크고 긴 용암동굴

## 1 서체 설치하기

**01** 마이크로소프트 엣지(🌙)나 크롬
(🔴) 등의 웹 브라우저를 실행한
후 "**제주서체**"를 검색하여 '**서체
- 제주특별자치도**'를 클릭해요.

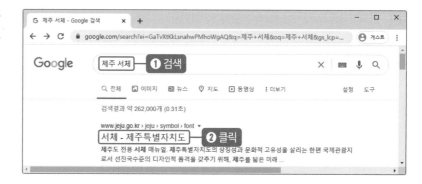

**02** 아래로 드래그하여 Windows용
설치시의 **[자동설치버전]**을 클릭
해요.

**03** 내려받은 파일의 압축을 풀고 실행
파일을 더블 클릭해요.

　🔆 '이 앱이 디바이스를 변경할 수 있도록
　허용하시겠어요?'라는 창이 나오면
　<예>를 클릭해요.

**04** <설치>를 클릭하고 설치가 완료되면 <마침>을 클릭해요.

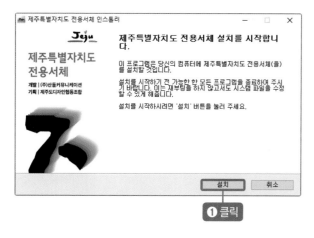

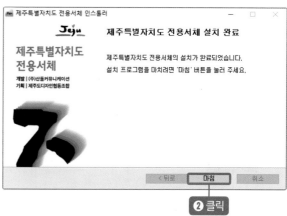

**2 협재 해수욕장 동영상 삽입하여 꾸미기**

01 한쇼 NEO(2016) 프로그램을 실행하여 [17차시]의 **'제주도 여행.show'** 파일을 열어요.

02 **2번 슬라이드**를 선택하여 **[입력] 탭-[동영상]-[동영상 넣기]**를 클릭한 후 [동영상 넣기] 대화상자에서 [17차시] 폴더의 **'협재 해수욕장.mp4'**를 선택하고 <열기>를 클릭해요.

03 [미디어 삽입] 대화상자가 나타나면 **'슬라이드 쇼 실행 시 미디어 시작'**에서 **'자동 실행'**을 선택한 후 <확인>을 클릭해요.

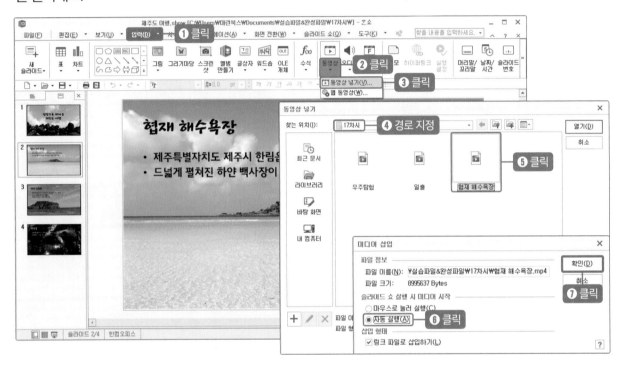

04 동영상이 삽입되면 **[그림] 탭**에서 **[동영상 스타일]** 이미지 꾸러미의 자세히 버튼(↓)을 클릭하여 원하는 스타일을 선택한 다음 동영상의 크기 및 위치를 맞춰주세요.

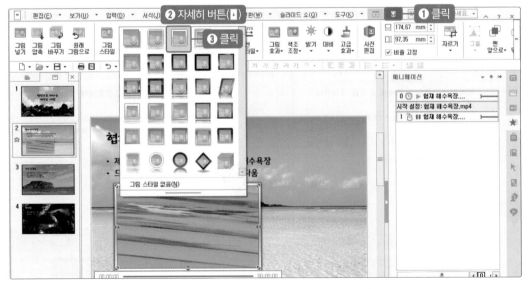

🔅 동영상을 삽입하면 오른쪽에 [애니메이션] 작업 창이 자동으로 나타나요.

**3** 성산 일출봉 동영상 삽입하여 꾸미기

**01** **3번 슬라이드**를 선택하여 [17차시] 폴더의 **'일출.mp4'**를 동영상을 삽입한 후 동영상의 크기와 위치를 아래 그림과 같이 조정해요.

- 슬라이드 쇼 실행 시 미디어 시작 : 마우스로 눌러 실행
- 삽입 형태 : 링크 파일로 삽입하기

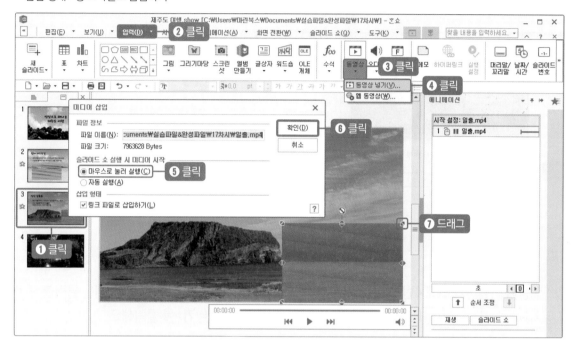

**02** 동영상이 전체 화면에 재생되게 하기 위해 **[멀티미디어] 탭**을 클릭하여 **[전체 화면 재생]**을 체크해요.

**03** **[슬라이드 쇼] 탭-[현재 슬라이드로부터]**를 클릭한 후 동영상을 마우스로 선택하면 전체 화면에 꼭 차게 재생되는지 확인해요.

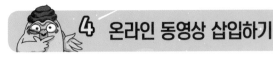 **4 온라인 동영상 삽입하기**

**01** 마이크로소프트 엣지()나 크롬() 등의 웹 브라우저를 실행한 후 주소 "www.youtube.com"를 입력하여 유튜브 사이트에 접속해요.

**02** "만장굴 EBS"를 검색하여 '[문화유산 코리아] 우리나라 유일한 세계자연유산, 제주화산섬과 용암동굴'을 선택한 후 [공유]와 [복사]를 순서대로 클릭해요.

**03** 유튜브 영상을 삽입하기 위해 **4번 슬라이드**를 선택하여 [입력] 탭-[동영상]-[웹 동영상]을 클릭한 후 [웹 동영상 넣기] 대화상자에서 Ctrl+V를 눌러 복사된 주소를 붙여넣고 <넣기>를 클릭해요.

**04** [파일] 탭-[저장하기]를 클릭하여 문서를 저장한 후 닫기 버튼(✖)을 눌러 한쇼 프로그램을 종료해요.

💡 웹 동영상을 재생하려면 프로그램을 닫고 다시 실행해야 돼요.

**05** 한쇼 NEO(2016) 프로그램을 실행하여 [17차시]의 '**제주도 여행. show**' 파일을 열고, 슬라이드 쇼를 실행한 후 **4번 슬라이드의 동영상**을 재생해 보세요.

# 혼자서 뚝딱뚝딱

**1** 실습파일을 열어 작성 조건대로 동영상을 삽입하고 편집해 보세요.

· 실습파일 : 우주탐험.show, 우주선.png, 우주탐험.mp4    · 완성파일 : 우주탐험(완성).show

작성조건

· 동영상 삽입 : '우주탐험.mp4'
 – 슬라이드 쇼 실행 시 미디어 시작 : 자동 실행
 – 삽입 형태 : 링크 파일로 삽입하기
 – 전체 화면 재생
· 이미지 삽입 : '우주선.png'

**사회 6-2** ▷ 통일 한국의 미래와 지구촌의 평화

**2** 웹 동영상 삽입 기능으로 유튜브에서 "대한민국의 아름다운 영토 독도"를 검색하여 첫 번째 영상을 삽입하고 동영상을 시청한 후 다음의 빈칸을 채워 보세요.

· 실습파일 : 독도.show    · 완성파일 : 독도(완성).show

· 1454년에 편찬된 ［ ㅅ ㅈ ㅅ ㄹ ㅈ ㄹ ㅈ ］ 는 울릉도와 독도의 위치를 정확하게 밝히고 있습니다.

· 1877년 ［ ㅌ ㅈ ㄱ ㅈ ㄹ ］ 에 울릉도와 독도는 일본과 관계가 없다는 것을 명시하였습니다.

· ［       ］ 년 대한제국 칙령 제41호에 독도가 한국 영토임을 명확히 하였습니다.

· ［       ］ 년 지방 정부 시네마현의 고시를 통해 독도를 불법으로 편입하였습니다.

· 1946년 연합국 최고사령관 각서 제677호는 일본의 행정관할 구역에서 ［ ㅇ ㄹ ㄷ ］ , ［ ㄷ ㄷ ］ , 제주도를 제외한다고 선포하였습니다.

#오디오 삽입 #오디오 옵션 #오디오 트리밍

# 18

학습목표

# 오디오 삽입으로 뮤직비디오 만들기

· 슬라이드를 원하는 위치에 복제할 수 있습니다.
· 오디오를 삽입하여 옵션을 설정할 수 있습니다.

✯ 오디오 삽입 　만약 뮤직비디오에 음악이 없고 가사만 나온다면 엄청 답답하겠죠?
한쇼로 만든 문서에 음악이나 음성과 같은 오디오가 있으면 지루하지 않고 생동감이 넘치게 만들 수 있어요.

실습파일 : 동그란 바퀴.show, 동그란 바퀴.mp3　　완성파일 : 동그란 바퀴(완성).show

미리보기

붕붕붕~ 자동차에 4개 달려 있지요

따르릉~ 자전거엔 두 개 있어요

# 1 가사 입력 후 슬라이드 복제하기

01 한쇼 NEO(2016) 프로그램을 실행하여 [18차시]의 '**동그란 바퀴.show**' 파일을 열어요.

02 **2~5번 슬라이드**에 다음과 같이 가사를 입력해요.

03 슬라이드 복제를 편리하게 하기 위해 왼쪽 아래의 [**여러 슬라이드 보기(▦)**] 아이콘을 클릭해요. **1번 슬라이드**를 선택하고 Shift 를 누른 채 **5번 슬라이드**를 클릭한 후 Ctrl + C 를 눌러 복사해요.

💡 특정 슬라이드가 선택된 상태에서 Shift 키를 누른 채 다른 슬라이드를 클릭하면 연속으로 선택이 가능하며, Ctrl + A 키를 누르면 모든 슬라이드를 한 번에 선택할 수 있어요.

**04** Ctrl + V 를 눌러 복사된 슬라이드를 붙여넣어요.

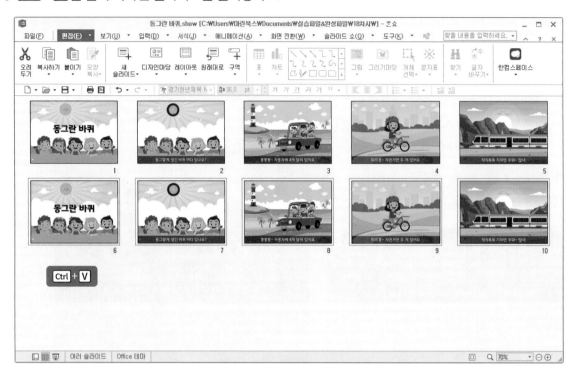

**05** 왼쪽 아래의 **[기본 보기( )]** 아이콘을 클릭한 후 **6번 슬라이드**를 선택해요. 입력된 텍스트를 **"(간주중)"**으로 수정하고 글꼴을 **'경기천년제목 Light'**로 변경해요.

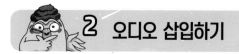

## 2 오디오 삽입하기

01 **1번 슬라이드**를 선택하고 **[입력] 탭-[오디오]-[오디오 파일]**을 클릭한 후 [오디오 넣기] 대화상자에서 [18차시] 폴더의 **'동그란 바퀴.mp3'**를 선택하고 <열기>를 클릭해요.

02 [미디어 삽입] 대화상자가 나타나면 '슬라이드 쇼 실행 시 미디어 시작'에서 **'자동 실행'**을 선택한 후 <확인>을 클릭해요.

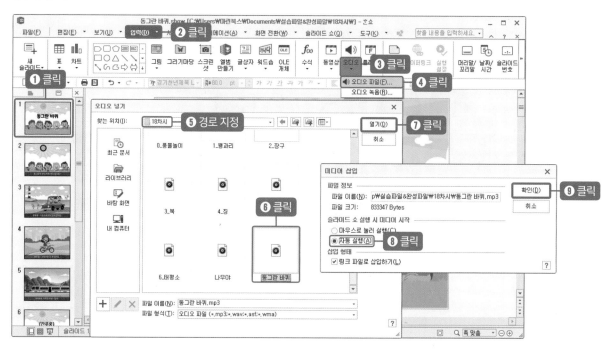

03 오디오가 **1번 슬라이드**뿐만 아니라 모든 슬라이드에서 실행되도록 하기 위해 [애니메이션] 작업 창 목록에서 **'동그란 바퀴.mp3'**를 마우스 오른쪽 버튼으로 클릭하여 [효과 설정]을 선택해요.

04 [애니메이션] 대화상자에서 **[오디오 재생] 탭**을 클릭하여 '재생 중지'를 **'지금부터: 1 슬라이드 후'**를 선택하고 슬라이드 수에 **'10'**을 입력한 후 <확인>을 클릭해요.

💡 슬라이드가 모두 10개이므로 '지금부터 10 슬라이드 후' 오디오 재생을 중지하도록 옵션을 변경했어요.

**05** 오디오 아이콘을 드래그하여 위치를 이동한 후 F5를 눌러 슬라이드 쇼를 실행해요.

**06** 오디오가 재생되면 노랫말에 맞춰 → 또는 Page Down 을 누르면서 슬라이드를 넘겨 보세요.

혼자서 뚝딱뚝딱

**1** 실습파일을 열어 가사를 입력하고 작성 조건에 따라 오디오를 삽입한 후 슬라이드 쇼를 실행시켜 확인해 보세요.

· 실습파일 : 나무야.show, 나무야.wav    · 완성파일 : 나무야(완성).show

**오디오 재생 설정 변경**
· 재생 시작 : 다음 시간 이후부터
　　　　　　　(00:33초)
· 재생 중지 : 지금부터 5 슬라이드 후

 **가을 1-2** ▶ 흥겨운 소리가 울려 퍼져요

**2** 실습파일을 열어 악기별 소리 파일을 삽입한 후 오디오 아이콘을 해당 악기에 위치시키고, 풍물놀이 소리 파일을 삽입하여 슬라이드 가운데에 오디오 아이콘을 크게 만들어 보세요.

· 실습파일 : 풍물놀이.show, 오디오 파일(풍물놀이, 꽹과리, 장구, 북, 징, 소고, 태평소)    · 완성파일 : 풍물놀이(완성).show

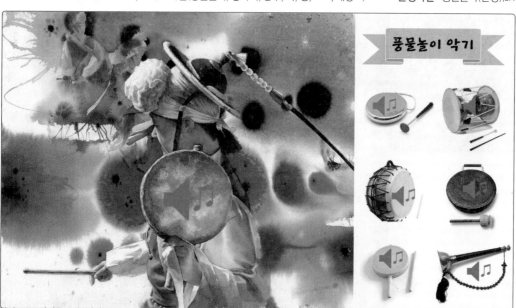

#화면 전환 #효과 옵션

# 19 화면 전환으로 뮤직비디오 전환시키기

**학습목표**

• 슬라이드 화면 전환 효과를 지정할 수 있습니다.
• 종류와 속도를 지정할 수 있습니다.
• 지정된 시간 후에 자동으로 전환시킬 수 있습니다.

✿ **화면 전환**  한 슬라이드에서 다른 슬라이드로 바뀔 때 여러 가지 효과를 주는 것이에요.
다양한 전환 효과 중에서 원하는 효과를 선택하고 소리 추가, 전환 속도, 전환 방법 등을 지정할 수 있어요.

실습파일 : 화면 전환.show      완성파일 : 화면 전환(완성).show

**미리보기**

동그란 바퀴

붕붕붕~ 자동차에 4개 달려
옹옹옹~ 자운차에 내 음...

따르릉~ 자전거엔 두 개 있어요
따르릉~ 자전거에 두개 있어요

**01** 한쇼 NEO(2016) 프로그램을 실행하여 [19차시]의 '**화면 전환.show**' 파일을 열고 **1번 슬라이드**를 선택해요.

**02** 오디오 모양의 아이콘을 숨기기 위해 오디오 아이콘을 선택한 후 **[오디오] 탭**에서 다음과 같이 설정해요.

- **④** '쇼 동안 숨기기' 체크

**03** [Esc]를 눌러 선택을 해제하고 화면 전환 효과를 지정하기 위해 **[화면 전환] 탭**에서 **[화면 전환 효과]** 이미지 꾸러미의 자세히 버튼(⬇)을 클릭하여 **[소용돌이[왼쪽으로]]**를 선택해요.

**04** 지정된 시간 후에 자동으로 화면이 전환되도록 [슬라이드 화면 전환] 작업 창에서 '**다음 시간 후 자동 전환**'을 체크하고 시간을 '**2.5초**'로 설정해요.

## 2  2~10번 슬라이드 화면 전환하기

**01** 왼쪽 아래의 **[여러 슬라이드 보기(▦)]** 아이콘을 클릭하여 **2번 슬라이드**를 선택한 상태에서 **Ctrl**을 누른 채
**7번 슬라이드**를 클릭해요. 아래와 같이 화면 전환 효과, 종류, 화면 전환 시간을 설정해요.

· ❸ 전환 효과(밀어내기) ❹ 종류(아래로) ❺ 다음 시간 후 자동 전환(4초)

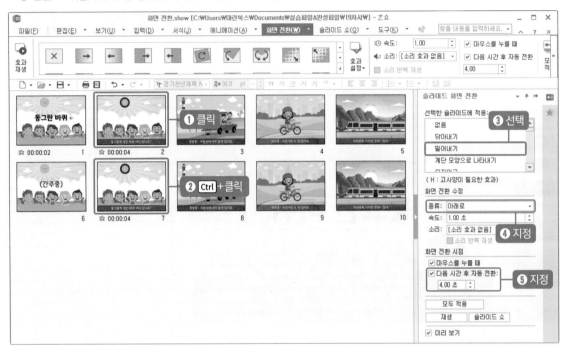

**02** **3번 슬라이드**를 선택하고 **Ctrl**을 누른 채 **8번 슬라이드**를 클릭한 후 화면 전환 효과, 종류, 화면 전환 시간을
설정해요.

· ❸ 전환 효과(모자이크) ❹ 종류(가로) ❺ 다음 시간 후 자동 전환(4초)

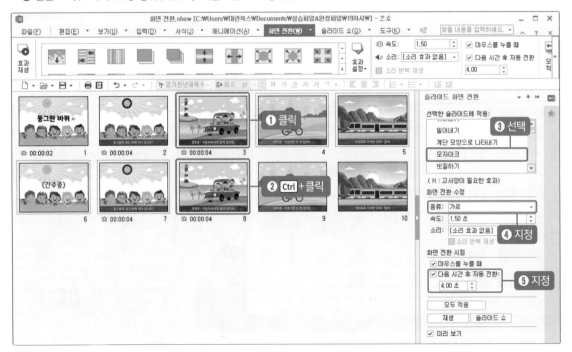

**03** **4번 슬라이드**를 선택하고 [Ctrl]을 누른 채 **9번 슬라이드**를 클릭한 후 화면 전환 효과, 화면 전환 시간을 설정해요.

- ❸ 전환 효과(순서 바꾸기) ❹ 다음 시간 후 자동 전환(4초)

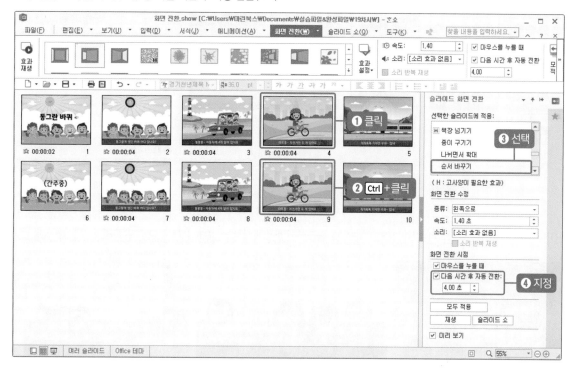

**04** **5번 슬라이드**를 선택하고 [Ctrl]을 누른 채 **10번 슬라이드**를 클릭한 후 화면 전환 효과, 시간, 화면 전환 시간을 설정해요.

- ❸ 전환 효과(두루마리 말기) ❹ 속도(2초) ❺ 다음 시간 후 자동 전환(5초)

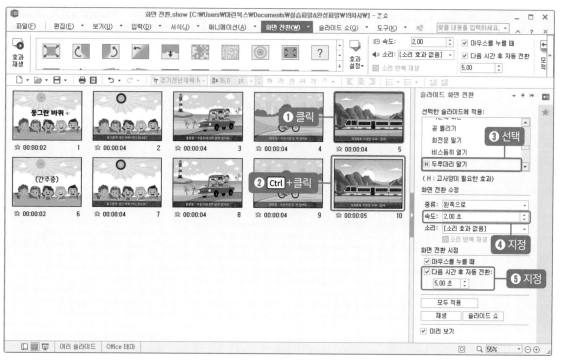

💡 속도는 화면 전환 효과가 진행되는 시간을 의미해요.

**05** **6번 슬라이드**를 선택하여 화면 전환 효과, 화면 전환 시간을 설정해요.

- ❷ 전환 효과(흩어 뿌리기) ❸ 다음 시간 후 자동 전환(2초)

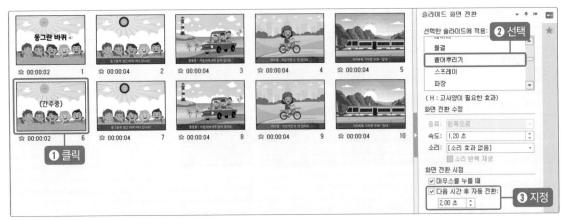

**06** 슬라이드 화면 전환 설정이 완료되었어요. F5 를 눌러 노랫말에 맞춰 화면이 자동으로 전환되는지 확인해 보세요.

💡 슬라이드 쇼가 실행되고 노래가 시작되면 Enter 를 한 번 눌러주세요. 화면 전환이 시작되면 나머지 슬라이드는 지정한 시간에 맞추어 자동으로 전환될 거예요.

# 혼자서 뚝딱뚝딱

1 실습파일을 열어 작성 조건대로 화면 전환 효과와 종류를 지정한 후 슬라이드 쇼를 실행하여 확인해 보세요.

· 실습파일 : 다양한 효과.show    · 완성파일 : 다양한 효과(완성).show

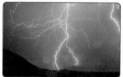

 작성조건

| 슬라이드 | 화면 전환 효과 | 종류 |
|---|---|---|
| 슬라이드 2 | 커튼 | 가운데로 (빨강) |
| 슬라이드 3 | 책장 넘기기 | 왼쪽으로 |
| 슬라이드 4 | 블라인드 | 가로 |
| 슬라이드 5 | 수평 분할 | 밖으로 |
| 슬라이드 6 | 꽃잎 | |
| 슬라이드 7 | 깨뜨리기 | – |
| 슬라이드 8 | 종이 구기기 | – |
| 슬라이드 9 | 눈꽃 | – |
| 슬라이드 10 | 모자이크 | 가로 |
| 슬라이드 11 | 파장 | 가운데부터 |
| 슬라이드 12 | 색 바꾸면서 나타내기 | 색상(하양) |

📖 미술 3 ▸ 즐기며 배우는 미술관

2 실습파일을 열어 작성 조건대로 모든 슬라이드에 화면 전환 효과를 지정한 후 슬라이드 쇼를 실행하여 미술관의 작품을 감상해 보세요.

· 실습파일 : 미술관.show    · 완성파일 : 미술관(완성).show

 작성조건

· 화면 전환 효과 : 갤러리
· 종류 : 오른쪽으로
· 속도 : 2.5초

#애니메이션 #애니메이션 복사

# 20

## 애니메이션으로 뮤직비디오 완성하기

**학습목표**

· 개체에 애니메이션 효과를 지정할 수 있습니다.

· 애니메이션의 타이밍을 지정할 수 있습니다.

· 한 개체의 애니메이션을 다른 개체에 복사할 수 있습니다.

☆ 애니메이션 애니메이션은 개체가 살아 있는 것처럼 움직이게 하는 효과예요.
개체에 어울리는 애니메이션 효과를 선택하고 시작 방법이나 재생 시간 등을 설정하면 멋진 애니메이션을 만들 수 있어요.

실습파일 : 애니메이션.show    완성파일 : 애니메이션(완성).show

미리보기

**1 1번 슬라이드 애니메이션 지정하기**

**01** [20차시]의 **'애니메이션.show'** 파일을 열어 **1번 슬라이드**의 제목 개체 틀을 선택하고 **[애니메이션] 탭-[애니메이션]** 이미지 꾸러미의 자세히 버튼(⬇)을 클릭하여 **[강조]-[색 채우기]**를 선택해요.

**02** [애니메이션] 작업 창 목록에서 **'제목 1'**을 마우스 오른쪽 버튼으로 클릭하여 **[효과 설정]**을 선택해요.

💡 [애니메이션] 작업 창 목록에서 '제목 1'을 더블 클릭해도 돼요.

**03** [애니메이션] 대화상자의 **[효과]** 탭에서 색상을 **'노랑(RGB: 255, 215, 0)'**으로 선택하고 <확인>을 클릭해요.

**04** **[애니메이션]** 탭에서 시작을 **'이전 효과와 함께'**, 재생 시간을 **'2.5'**로 설정한 후 오른쪽 아래의 <재생>을 클릭해서 확인해 보세요.

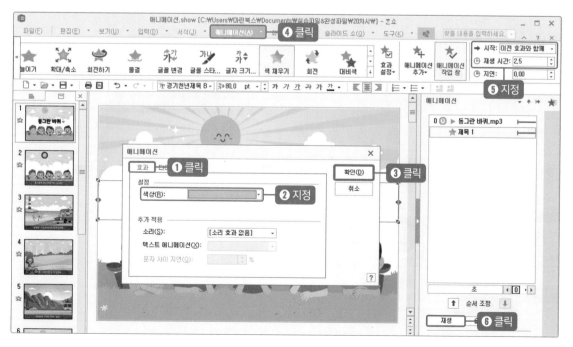

## 2 2, 7번 슬라이드 애니메이션 지정하기

01 **2번 슬라이드**의 바퀴를 선택하고 [애니메이션] 탭-[애니메이션]-[나타내기]-[확대/축소] 애니메이션을 클릭해요.

02 애니메이션을 추가하기 위해 바퀴를 선택하고 [애니메이션 추가]를 클릭하여 [강조]-[회전]을 선택해요.

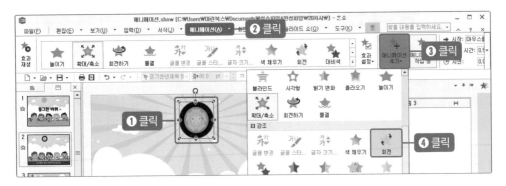

03 [애니메이션] 작업 창 목록에서 Shift를 누른 채 애니메이션 효과를 각각 클릭하여 모두 선택한 후 [애니메이션] 탭에서 시작과 재생 시간을 설정해요.

  · ❷ 시작(이전 효과와 함께), 재생 시간(4)

04 바퀴를 선택하고 Ctrl+C를 눌러 복사한 후 **7번 슬라이드**를 선택하고 Ctrl+V를 눌러 붙여넣어요.

## ③ 3, 8번 슬라이드 애니메이션 지정하기

01 **3번 슬라이드**의 자동차를 선택하고 **[애니메이션] 탭-[애니메이션]-[이동 경로]-[자유곡선]** 애니메이션을 선택해요.

02 자동차의 중심부에서 시작해서 도로를 따라 드래그하고 시작과 재생 시간을 설정해요.
  • ❻ 시작(이전 효과와 함께), 재생 시간(4초)

03 자동차를 선택하여 [Ctrl]+[C]를 눌러 복사하고 **8번 슬라이드**를 선택하여 [Ctrl]+[V]를 눌러 붙여넣은 후 마우스 오른쪽 버튼으로 클릭하여 **[순서]-[맨 뒤로]**를 클릭해요.

## ④ 4, 9번 슬라이드 애니메이션 지정하기

01 **4번 슬라이드**의 자전거를 선택하고 **[애니메이션] 탭-[애니메이션]-[이동 경로]-[자유곡선]** 애니메이션을 선택한 후 자전거의 중심부에서 시작해서 길을 따라 드래그하고 시작과 재생 시간을 설정해요.
  • ❸ 시작(이전 효과와 함께), 재생 시간(4초)

02 자전거를 선택하여 [Ctrl]+[C]를 눌러 복사하고 **9번 슬라이드**를 선택하여 [Ctrl]+[V]를 눌러 붙여넣은 후 마우스 오른쪽 버튼으로 클릭하여 **[순서]-[맨 뒤로]**를 클릭해요.

## 5  5, 10번 슬라이드 애니메이션 지정하기

**01** **5번 슬라이드**의 기차를 선택하고 **[애니메이션] 탭-[애니메이션]** 이미지 꾸러미의 자세히 버튼(▾)을 클릭하여 **[이동 경로 다른 효과]**를 클릭한 후 **[직선 및 곡선 경로]-[왼쪽으로]**를 선택하고 <적용>을 클릭해요.

**02** 시작과 재생 시간을 설정한 후 애니메이션이 적용된 기차를 선택하여 Ctrl + C 를 눌러 복사하고 **10번 슬라이드**를 선택하여 Ctrl + V 를 눌러 붙여넣어요.

- ❷ 시작(이전 효과와 함께), 재생 시간(4초)

**03** F5 를 눌러 슬라이드 쇼가 실행되고 노래가 시작되면 Enter 를 한 번 눌러 완성된 애니메이션을 확인해 보세요.

118

혼자서 뚝딱뚝딱

**1** 실습파일을 열어 [파일]-[보내기]-[프레젠테이션 동영상 만들기] 메뉴를 이용하여 동영상 파일을 만든 후 재생해 보세요.

· **실습파일** : 애니메이션 동영상.show    · **완성파일** : 애니메이션 동영상(완성).avi

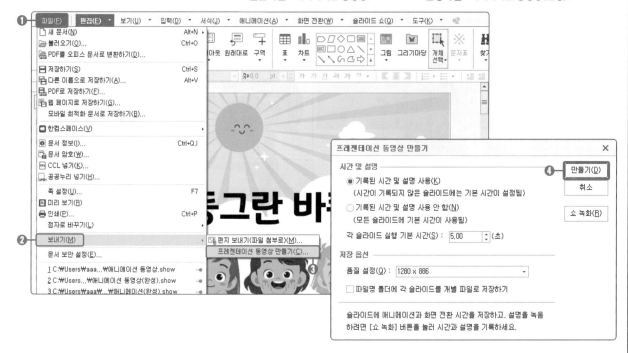

📖 **과학 6-2** ▸ 지구의 공전은 무엇일까요?

**2** 실습파일을 열어 작성 조건대로 애니메이션을 적용하여 지구가 태양 주위를 공전하도록 만들어 보세요.

· **실습파일** : 지구의 공전.show    · **완성파일** : 지구의 공전(완성).show

⭐ 작성 조건

· 애니메이션 종류 : [이동 경로]-[자유곡선]
· 시작 : 마우스를 누를 때
· 재생 시간 : 10초
· 반복 : 슬라이드가 끝날 때까지

💡 애니메이션을 적용한 후 오른쪽 [애니메이션] 작업 창 목록에서 '그림 5'를 더블 클릭하여 [애니메이션] 대화 상자가 열리면 [타이밍] 탭에서 옵션을 지정해요.

# 슬라이드 쇼로 발표하기

HANSHOW NEO(2016)

#슬라이드 쇼 #쇼 재구성

**학습목표**

- 발표에 불필요한 슬라이드를 숨길 수 있습니다.
- 발표에 필요한 슬라이드만으로 슬라이드 쇼 재구성을 할 수 있습니다.
- 다양한 효과를 지정하여 슬라이드 쇼를 실행시킬 수 있습니다.

**슬라이드 쇼** 슬라이드를 화면 전체에 채워 보여주는 기능이에요.
필요 없는 슬라이드를 숨기거나 슬라이드 쇼를 재구성하는 등 다양한 추가 기능까지 활용하면 멋지게 발표할 수 있어요.

실습파일 : 세계 여행 계획.show    완성파일 : 세계 여행 계획(완성).show

**미리보기**

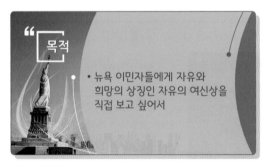

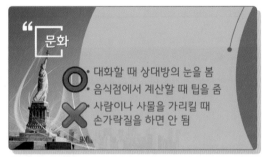

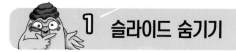

## 1 슬라이드 숨기기

**01** 한쇼 NEO(2016) 프로그램을 실행하여 [21차시]의 **'세계 여행 계획.show'** 파일을 열어요.

**02** 발표할 때 자유의 여신상을 설명하는 슬라이드가 보이지 않도록 하기 위해 **4번 슬라이드**를 선택한 후 **[슬라이드 쇼] 탭-[슬라이드 숨기기]**를 클릭해요.

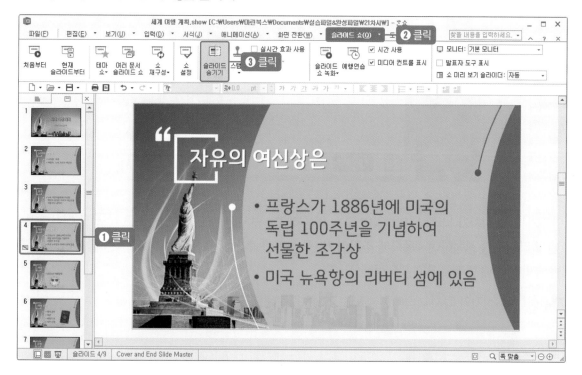

**03** **4번 슬라이드**가 숨겨진 것을 확인하기 위해 **[슬라이드 쇼] 탭-[처음부터]**를 클릭해요.

🔆💡 F5 를 눌러도 처음부터 슬라이드 쇼가 시작돼요.

**04** 마우스를 클릭하여 다음 슬라이드로 넘기면서 **4번 슬라이드**가 표시되지 않는 것을 확인해요.

▲ 1번 슬라이드　　　▲ 2번 슬라이드　　　▲ 3번 슬라이드　　　▲ 5번 슬라이드

**05** Esc 를 눌러 슬라이드를 종료한 후 숨긴 슬라이드를 다시 표시하기 위해 **4번 슬라이드**를 선택하고 **[슬라이드 쇼] 탭-[슬라이드 숨기기]**를 클릭하여 선택 해제해요.

**2** 슬라이드 쇼 재구성하기

**01** 슬라이드 쇼에 사용할 슬라이드만 모으기 위해 [슬라이드 쇼] 탭-[쇼 재구성]-[쇼 재구성]을 클릭해요.

**02** [쇼 재구성] 대화상자가 나타나면 <새로 만들기>를 클릭해요.

**03** [쇼 만들기] 대화상자가 나타나면 '슬라이드 쇼 이름'에 **"수업시간 발표"**를 입력하고 [Ctrl]을 이용하여 **1~3, 5~7번 슬라이드**를 선택하여 **<목록에 추가하기>**를 클릭한 후 **'6, 문화'**를 선택하고 **<한 줄 위로 이동하기>**를 2번 클릭하여 **네 번째**로 위치를 이동해요.

**04** [쇼 재구성] 대화상자가 다시 나타나면 **<쇼 보기>**를 클릭해요.

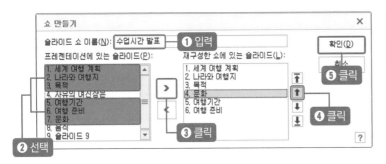

**05** 슬라이드 쇼가 실행되면 쇼 재구성에 포함된 슬라이드만 표시되는 것을 확인해요.

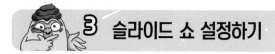 **③ 슬라이드 쇼 설정하기**

**01** 슬라이드 쇼를 설정하기 위해 **[슬라이드 쇼] 탭-[쇼 설정]**을 클릭해요.

**02** [쇼 설정] 대화상자에서 선택 사항의 펜 색을 변경하고 **'실시간 효과 사용'**을 체크하여 효과 색을 설정한 후
<확인>을 클릭해요.

　• ❸ 펜 색(주황(RGB: 255, 102, 0)) ❹ 효과 색(노랑(RGB:255, 255, 0))

**03** 재구성 된 쇼를 실행하기 위해 **[슬라이드 쇼] 탭-[쇼 재구성]-[수업시간 발표]**를 클릭해요.

**04** 슬라이드 쇼 화면이 실행되면 마우스 오른쪽 버튼을 클릭하여 **[펜 설정]-[펜]**을 클릭하여 제목 주위에 구름 모
양의 그림을 그려요.

💡 펜으로 그린 것을 지우려면 키보드의 E를 누르면 돼요.

**05** 키보드의 오른쪽 화살표(→)를 누르거나 Page Down 을 눌러 다음 슬라이드로 이동해요.

**06** 마우스 오른쪽 버튼을 클릭하여 **[포인터 설정]-[큰 화살표]**를 클릭하여 포인터를 바꾼 후 제목을 가리키면 앞에서 설정한 실시간 효과 색인 **'노랑'**으로 글자 색이 바뀌며 강조돼요.

**07** **'문화'** 슬라이드로 이동한 후 마우스 오른쪽 버튼을 클릭하여 **[포인터 설정]-[스탬프]**를 클릭하고 **'스탬프 1(1)'**과 **'스탬프2(2)'**를 각각 선택하여 다음과 같이 스탬프를 찍어 보세요.

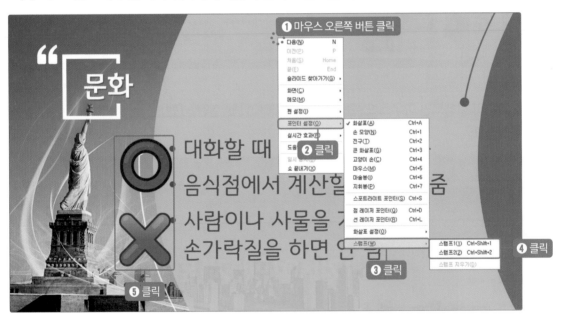

# 혼자서 뚝딱뚝딱

**1** 실습파일을 열어 작성 조건대로 쇼를 재구성한 후 슬라이드 쇼를 실행시켜 보세요.

· 실습파일 : 오피스 프로그램.show    · 완성파일 : 오피스 프로그램(쇼).show

**한글**
· 문서 작성
· 문서 편집
· 전자 출판

**작성 조건**

· 슬라이드 쇼 이름 : 한컴 오피스
· 재구성한 쇼에 있는 슬라이드
  1. 한컴오피스 NEO
  2. 한글
  3. 한쇼
  4. 한셀

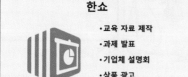

**한쇼**
· 교육 자료 제작
· 과제 발표
· 기업체 설명회
· 상품 광고

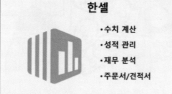

**한셀**
· 수치 계산
· 성적 관리
· 재무 분석
· 주문서/견적서

📖 **과학3-2 ▶ 동물의 생활**

**2** 실습파일을 열어 다음과 같이 슬라이드 쇼를 재구성(슬라이드 쇼 이름 : 동물 분류)하고 슬라이드 쇼 설정에서 펜 색을 '주황'으로 설정한 후 슬라이드 쇼를 실행시켜 펜으로 꾸며 보세요.

· 실습파일 : 동물의 분류.show    · 완성파일 : 동물의 분류(쇼).show

HANSHOW NEO (2016)

# 22

학습목표

#슬라이드 마스터 #슬라이드 레이아웃

# 슬라이드 마스터로 달고나 레시피 만들기

- 슬라이드 마스터가 무엇인지 이해할 수 있습니다.
- 모든 슬라이드에 적용되는 슬라이드 마스터를 편집할 수 있습니다.
- 해당 슬라이드에 적용되는 슬라이드 레이아웃을 편집할 수 있습니다.

✿ 슬라이드 마스터    슬라이드 수가 많은 문서에 로고를 깜박해서 넣지 않았다면 복사해서 붙여 넣느라 시간이 많이 걸리겠죠?
슬라이드 마스터 하나만 편집하면 모든 슬라이드에 적용되기 때문에 빠르게 작업할 수 있어요.

실습파일 : 이미지 파일(배경, 로고, 재료, 만들기1~6)    완성파일 : 추억의 달고나.show

# 내가 직접 만든
# 추억의 달고나

## 홍지민 연구원

JMT 연구소

### 재료부터 알아볼까요?

설탕, 소다, 나무젓가락, 국자, 밀판, 누름판, 모형틀,
종이호일

JMT 연구소

### 달고나 만들기

6. 모양을 조심이 뜯어내면 완성~!!

JMT 연구소

# 1 슬라이드 마스터 편집하기

01 한쇼 NEO(2016) 프로그램을 실행하여 새 프레젠테이션을 열고 슬라이드 크기를 변경하기 위해 **[서식]** **탭-[슬라이드 크기]-[화면 슬라이드 쇼(4:3)]**을 클릭한 후 [최대화/맞춤 확인] 대화상자에서 <확인>을 클릭해요.

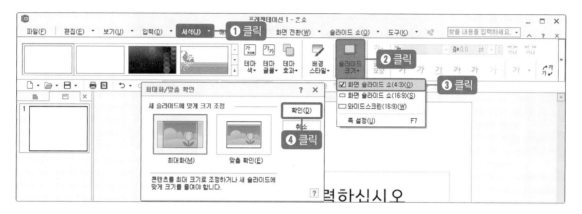

02 슬라이드 마스터를 열기 위해 **[보기] 탭-[슬라이드 마스터]**를 클릭해요.

03 슬라이드 창에서 맨 위의 **'한컴오피스 슬라이드 마스터'**를 선택하고 슬라이드의 빈 곳에서 마우스 오른쪽 버튼을 클릭하여 [배경 속성]을 클릭해요.

04 [배경 속성] 대화상자의 **[채우기] 탭**에서 **[질감/그림]-[그림]**을 클릭해요. [그림 넣기] 대화상자가 나타나면 [22차시] 폴더의 **'배경.jpg'**를 선택하여 <넣기>를 클릭한 후 <적용>을 눌러요.

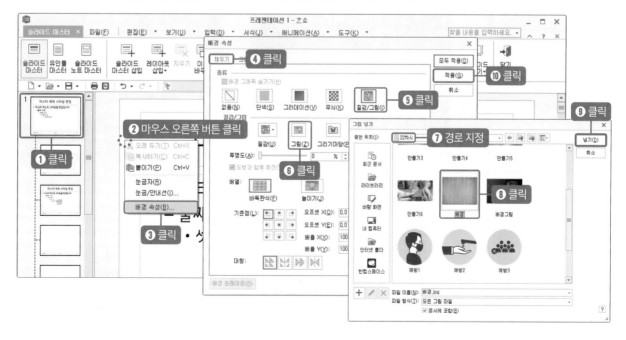

**05** 배경 그림이 모든 슬라이드에 적용된 것을 확인해요. 이어서, 로고를 삽입하기 위해 **[입력] 탭-[그림]**을 클릭하여 [22차시] 폴더의 **'로고.png'**를 삽입한 후 다음과 같이 배치해요.

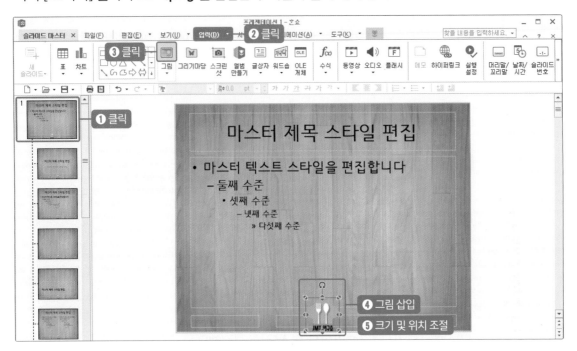

## 2 제목 슬라이드 레이아웃 편집하기

**01** 슬라이드 창에서 **'제목 슬라이드 레이아웃'**을 선택하고 제목 개체 틀의 크기 조정 핸들을 드래그하여 크기를 조정한 후 **[서식] 탭-[아래쪽 맞춤(⬚)]**을 클릭하고 **[도형] 탭-[채우기 색]-[하양(RGB: 255, 255, 255)]**을 클릭해요.

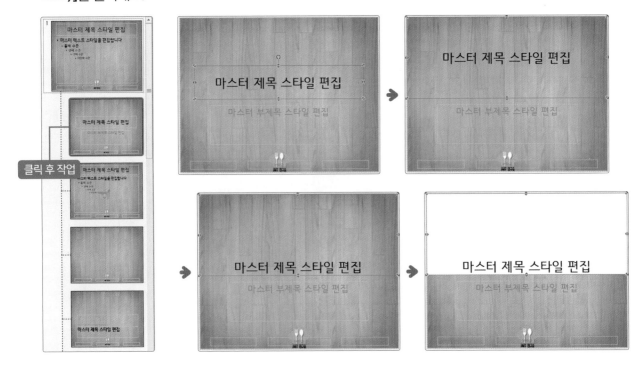

**02** 제목 개체 틀의 테두리를 클릭하여 서식
도구 상자에서 글꼴과 글자 크기를 지정
해요.

- 글꼴(경기천년제목 Medium)
- 글자 크기(60pt)

**03** 부제목 개체 틀의 테두리를 클릭하여 서
식 도구 상자에서 글꼴과 글자 색을 지정
해요.

- 글꼴(경기천년제목 Light)
- 글자 색(검정(RGB: 0, 0, 0))

 **③ 제목 및 내용 레이아웃 편집하기**

**01** 슬라이드 창에서 **'제목 및 내용 레이아웃'**을 선택하고 제목 개체 틀의 테두리를 드래그하여 위치를 조정하고
글꼴을 변경해요.

- ❸ 글꼴(경기천년제목 Medium)

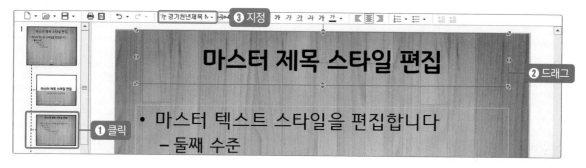

**02** 제목 개체 틀 아래에 직사각형을 삽입하
고 **[도형] 탭**에서 채우기 색, 선 색을 설
정해요.

- 채우기 색 : 하양(RGB: 255, 255, 255)
- 선 색 : 선 없음

**03** 그림자 효과를 주기 위해 **[도형 효과]-
[그림자]-[바깥쪽]-[대각선 오른쪽 아
래]**를 클릭해요.

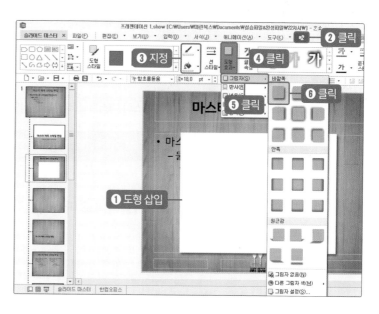

**04** 내용 개체 틀을 선택하여 Delete를 눌러 삭제한 후 **[슬라이드 마스터] 탭-[개체 틀 만들기]-[본문]**을 클릭하고 직사각형 아래쪽에 드래그하여 삽입해요.

**05** 둘째 수준부터 다섯째 수준까지 드래그하여 선택한 후 Delete를 누르고 Backspace를 두 번 눌러 삭제해요.

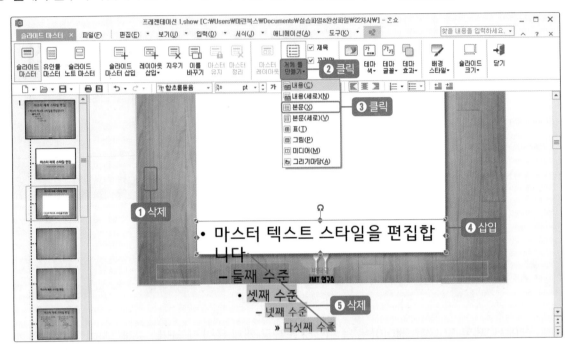

**06** 내용 개체 틀의 테두리를 선택하여 서식 도구 상자에서 글꼴, 글자 크기를 설정한 후 [글머리표 매기기(⫶☰)]를 클릭하여 글머리표를 없애요.

　• ❸ 글꼴(경기천년제목 Light), 글자 크기(24pt)

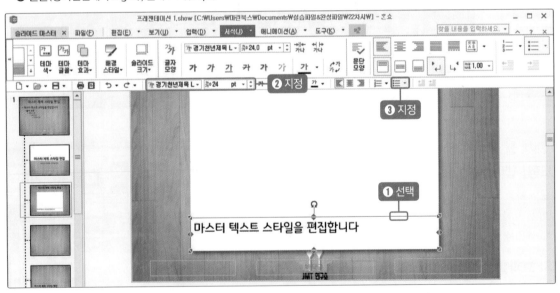

**07** 슬라이드 마스터 작업을 완료했어요. **[슬라이드 마스터] 탭-[닫기]**를 클릭하여 슬라이드 마스터 편집 화면에서 빠져나와요.

## ④ 내용 입력하기

**01** 제목 슬라이드에 제목과 여러분의 이름을 입력해요.

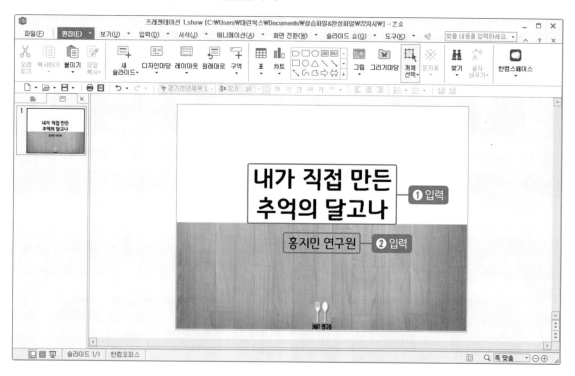

**02** 슬라이드 창에서 **1번 슬라이드**를 선택하고 Enter 를 7번 눌러 **8번 슬라이드**까지 추가한 후 **2번 슬라이드**를 선택하여 제목과 내용을 입력하고 '**재료.png**' 그림을 삽입해요.

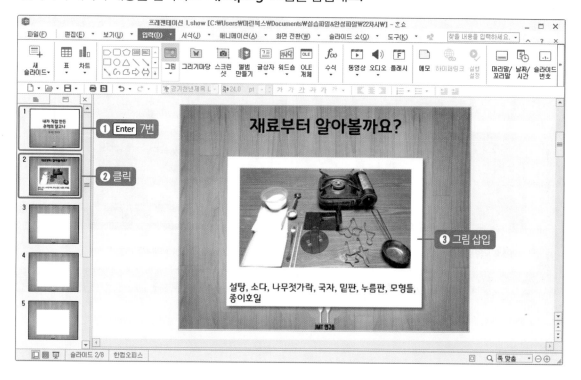

**03** 같은 방법으로 **3~8번 슬라이드**에 제목과 내용을 입력하고 **'만들기1.jpg'~'만들기6.jpg'** 그림을 삽입하여 다음과 같이 만들어요.

▲ 3번 슬라이드

▲ 4번 슬라이드

▲ 5번 슬라이드

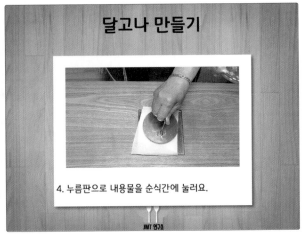

▲ 6번 슬라이드

▲ 7번 슬라이드

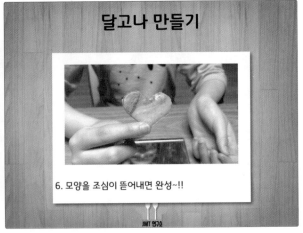

▲ 8번 슬라이드

혼자서 뚝딱뚝딱

1 새 프레젠테이션을 열어 작성 조건대로 슬라이드 크기를 설정하고 슬라이드 마스터를 작성한 후 다음과 같이 텍스트와 그림을 입력하여 '코로나19 예방 수칙.show'로 저장해 보세요.

· 실습파일 : 이미지 파일(배경그림, 예방1~5)　· 완성파일 : 코로나19 예방 수칙.show

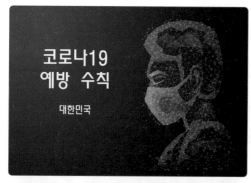

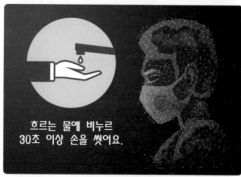

· 슬라이드 크기 : A4 용지(210x297mm)
· 한컴오피스 슬라이드 마스터 : 배경을 '배경그림.jpg' 파일로 채우기
· 제목 슬라이드 레이아웃　　　　　　　　　　　　· 간지 레이아웃

– 제목 스타일 : 휴먼모음T, 60pt, 하양　　　　　– 제목 스타일 : 휴먼모음T, 36pt
– 부제목 스타일 : 휴먼모음T, 32pt, 하양

HANSHOW
NEO(2016)

#템플릿 #발표 자료 만들기

# 23

### 템플릿으로 K-푸드 발표 자료 만들기

**학습목표**

· 웹사이트에서 원하는 템플릿을 검색하여 내려받을 수 있습니다.

· 템플릿을 열어 내용을 수정할 수 있습니다.

· 파워포인트 문서를 한쇼 문서로 저장할 수 있습니다.

**템플릿** 붕어빵 틀에 반죽과 함께 넣는 재료에 따라 다른 붕어빵이 나오죠? 템플릿도 마찬가지예요. 디자인 틀과 내용이 미리 입력되어 있는 템플릿에 내용이나 그림만 변경하면 원하는 문서를 금방 만들어낼 수 있어요.

**실습파일 :** 이미지 파일(라면, 떡볶이, 치킨)    **완성파일 :** 한류음식 K-푸드.show

미리보기

134

# 1 템플릿 내려받기

**01** 마이크로소프트 엣지(　)나 크롬(　) 등의 웹 브라우저에서 주소 "allppt.com"을 입력하여 접속한 후 오른쪽 위의 **검색** 아이콘(🔍)을 클릭하여 **"korea"**를 검색해요.

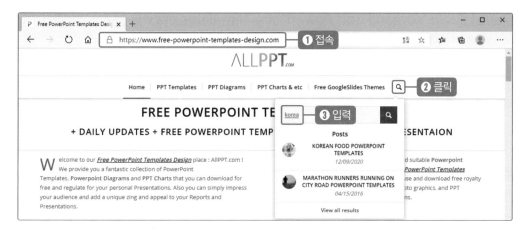

**02** 검색 결과에서 **"Korean Food PowerPoint Templates"**나 **"VIEW"**를 클릭해요.

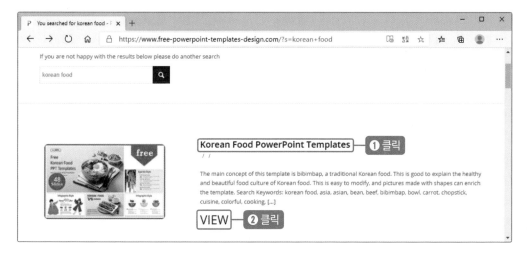

**03** 아래쪽으로 스크롤하여 **"Click Here to Download This PPT Template"**을 클릭하여 파일을 내려받아요.

💡 "Click Here to Download This PPT Template"은 "이 PPT 템플릿을 다운로드하려면 여기를 클릭하세요."라는 의미입니다.

**2 템플릿 파일 열고 제목 슬라이드 만들기**

**01** 한쇼 NEO(2016) 프로그램을 실행하여 [새 프레젠테이션] 대화상자에서 '**기존 프레젠테이션 열기**'를 선택하고 <확인>을 클릭해요.

**02** [내 PC]-[다운로드] 폴더의 '**Korean Food PowerPoint Templates.pptx**'를 선택하고 <열기>를 클릭해요.

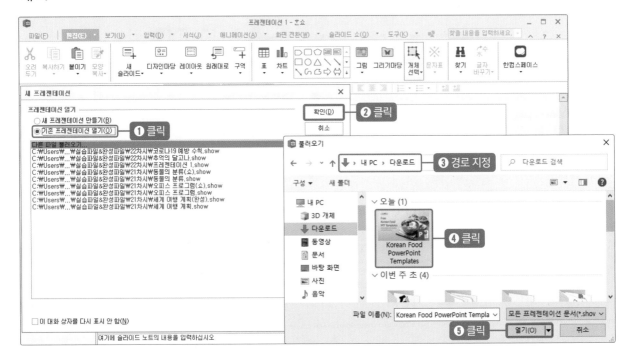

**03** 템플릿이 열리면 **1번 슬라이드**에서 Ctrl 을 이용하여 불필요한 개체를 선택한 후 Delete 를 눌러 삭제해요.

**04** **제목**을 입력한 후 글꼴과 글자 크기를 자유롭게 변경해요.

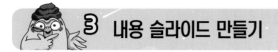
**01** **5번 슬라이드**를 선택하여 왼쪽에 제목을 입력하고 글꼴을 '**전주 완판본 각R**'로 지정해요.

**02** 그림 아이콘을 클릭하여 [23차시] 폴더의 '**라면.png**'를 선택한 후 <넣기>를 클릭해요.

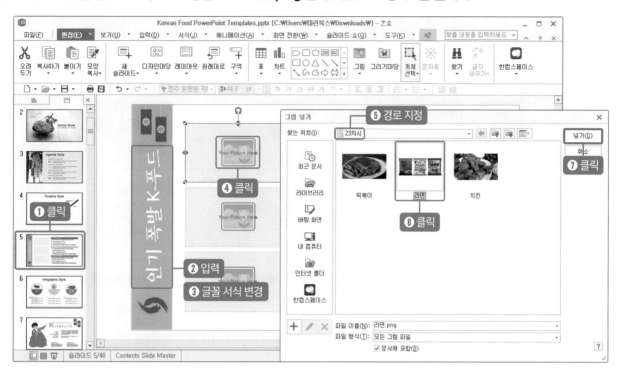

**03** 같은 방법으로 '**떡볶이.png**'와 '**치킨.png**'를 삽입한 후 다음과 같이 텍스트를 입력하고 글자 크기와 글자 색을 변경해 보세요.

**04** **6번 슬라이드**를 선택하여 제목을 입력하고 글꼴을 '**전주 완판본 각R**'로 지정해요.

**05** 슬라이드 하단의 텍스트 개체를 마우스 오른쪽 버튼으로 눌러 [**그룹화**]-[**개체 풀기**]를 클릭한 후 내용을 입력하고 글꼴 서식을 변경해요.

🌱 사용하지 않는 검정 글자 글상자는 삭제해요.

**06** **19번 슬라이드**를 선택하여 제목을 입력하고 글꼴을 '**전주 완판본 각R**'로 지정해요.

**07** 다음과 같이 내용을 입력하고 글꼴 서식을 변경해요.

**08** **43번 슬라이드**를 선택하여 **"감사합니다"**를 입력하고 글꼴을 '**전주 완판본 각R**'로 지정한 후 아래의 개체는 삭제해요.

💡 여러 개의 슬라이드를 삭제할 때는 프로그램 왼쪽 하단의 [여러 슬라이드 보기(▦)] 아이콘을 클릭한 후 작업하면 편리해요.

**09** 내용을 수정한 **1, 5, 6, 19, 43번 슬라이드**를 제외한 나머지 슬라이드를 모두 삭제해요.

**10** [**파일**] 탭-[**다른 이름으로 저장하기**]를 클릭하여 [23차시] 폴더를 선택하고 파일 이름과 **파일 형식**을 지정한 후 <저장>을 클릭해요.

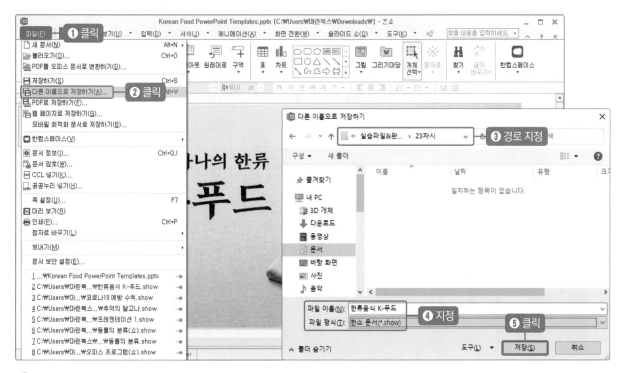

💡 해당 작업은 한쇼 파일 형식인 '.show' 확장자로 변환하여 저장하기 위한 과정입니다.

# 혼자서 뚝딱뚝딱

1 "allppt.com"에서 내가 좋아하는 주제와 관련된 템플릿을 찾아 파일을 내려받은 후 자유롭게 편집한 다음 한쇼 문서로 저장해 보세요.

· 실습파일 : 없음　　· 완성파일 : 나만의 템플릿.show

💡 소개된 사이트는 해외에서 운영하는 곳이기 때문에 원하는 템플릿을 찾기 위해서는 영문으로 검색하도록 해요.

# 24 두더지 잡기 게임

여러 개의 구멍에서 마음대로 튀어 오르는 두더지를 망치로 때려서 잡는 두더지 잡기 게임을 해본 적이 있나요? 두더지가 어디서 나올지도 모르고 잠깐 나왔다가 사라지기 때문에 정말 박진감 넘치는 게임인데요. 한쇼로 두더지 잡기 게임을 만들어 볼까요?

실습파일 : 두더지 잡기.show, 폭탄.png     완성파일 : 두더지 잡기(완성).show

미리보기

## 1 게임 시작 버튼 하이퍼링크 설정하기

01 [24차시]의 '두더지 게임.show' 파일을 열고 1번 슬라이드의 '게임 시작' 버튼을 클릭하면 2번 슬라이드로 연결되도록 설정해요.

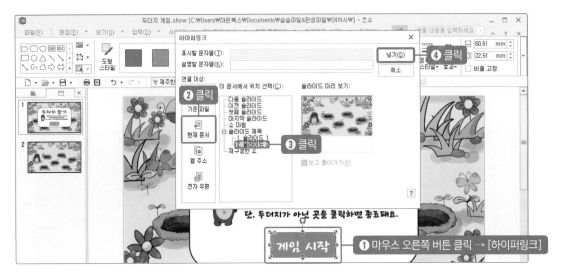

💡 '게임 시작' 버튼을 마우스 오른쪽 버튼으로 클릭하여 [하이퍼링크]를 지정할 수 있어요.

## 2 두더지 나타났다 사라지게 하기

01 두더지가 나타나게 하기 위해 2번 슬라이드의 두더지를 선택하고 [애니메이션] 탭-[애니메이션] 이미지 꾸러미에서 [나타내기 다른 효과]-[기본 효과]-[내밀기]를 선택하고 <적용>을 클릭해요.

02 [애니메이션] 탭에서 시작과 재생 시간을 설정한 후 [애니메이션] 작업 창 목록에서 '그림 3'을 마우스 오른쪽 버튼으로 클릭하여 [효과 설정]을 선택해요. [애니메이션] 대화상자에서 소리를 설정하고 <확인>을 클릭해요.
   - ⑥ 시작(이전 효과 다음에), 재생 시간(1.5) ⑨ 소리(책장 넘기기)

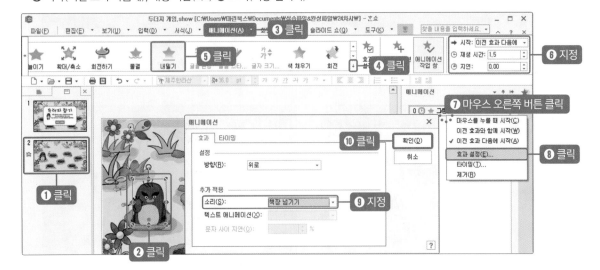

**③ 두더지 클릭하면 사라지게 하기**

**01** 두더지를 사라지게 하기 위해 두더지가 선택된 상태에서 [애니메이션 추가]-[끝내기]-[모자이크]를 선택해요.

**02** [애니메이션] 작업 창 목록에서 '그림 3'을 마우스 오른쪽 버튼으로 클릭하여 [효과 설정]을 선택해요. [애니메이션] 대화상자가 나오면 [타이밍] 탭에서 시작 설정을 [다음을 마우스로 누르면 효과 시작]-[그림 3]을 선택한 후 <확인>을 클릭해요.

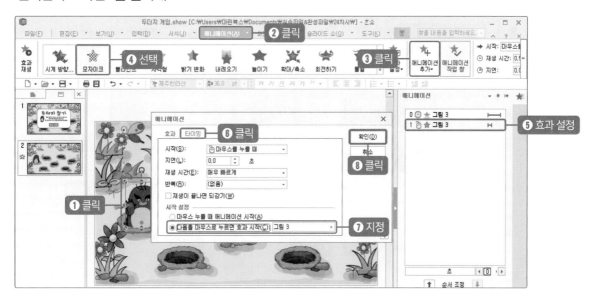

 **④ 두더지 복제하기**

**01** 애니메이션 효과 적용이 완료된 두더지를 Ctrl+드래그하여 **6마리**를 복제합니다.

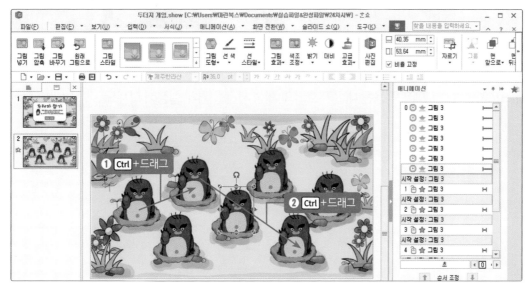

두더지를 복제하는 순서대로 나타나기 때문에 왼쪽 위치부터 복제하지 않고 번갈아가며 무작위 위치로 복제하면 게임이 더 재미있어져요.

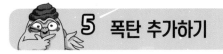
**01** 게임 실행 중 빈 곳을 클릭하면 슬라이드가 그냥 종료되는데, 이때 **폭탄**이 터지게 하면 더 재미있어져요.

**02** **[입력] 탭-[그림]**을 클릭하여 [24차시] 폴더의 '**폭탄.png**' 그림을 삽입한 후 **[나타내기]-[나타내기]** 애니메이션을 삽입하고 효과 옵션에서 '**폭발**' 소리를 추가해요.

**03** 두더지 잡기 게임이 완성되었어요. F5를 눌러 게임을 해보세요.

**04** 게임이 쉽게 느껴지면 두더지에게 적용된 내밀기 효과의 재생 시간을 짧게 설정해 보세요.